Gudrun Mebs · Harald Lesch

Erzähl mir was vom Himmel und der Erde

Gudrun Mebs arbeitete nach ihrem Schauspielstudium zunächst viele Jahre beim Theater. 1980 begann sie zu schreiben. Seitdem sind viele Bücher, Drehbücher, Hörspiele, Radioserien entstanden und ihre Lesereisen führten sie rund um den Globus. Die vielfach preisgekrönte Autorin erhielt u.a. den Deutschen Jugendliteraturpreis, das Bundes-verdienstkreuz und den Bayerischen Verdienstorden. Heute lebt sie mit ihrem Mann und vielen Katzen in München und in Italien.

Harald Lesch ist Professor für Theoretische Astrophysik am Institut für Astronomie und Astrophysik der Universität München, Fachgutachter für Astrophysik bei der DFG und Mitglied der Astronomischen Gesellschaft. Einer breiteren Öffentlichkeit ist er durch die im bayerischen Fernsehen laufende Sendereihe »alpha-Centauri« bekannt. Seit September 2008 ist er Nachfolger von Joachim Bublath in der ZDF-Reihe »Abenteuer Forschung«.

Gudrun Mebs · Harald Lesch

Erzähl mir was vom Himmel und der Erde

Mit Illustrationen von
Catharina Westphal

cb j

cbj ist der Kinder- und Jugendbuchverlag
in der Verlagsgruppe Random House

Für Lioba in Köln,

für Dominik in München

Verlagsgruppe Random House FSC-DEU-0100
Das FSC®-zertifizierte Papier Eurobulk von Biberist
für dieses Buch liefert Paper Union.

Gesetzt nach den Regeln der Rechtschreibreform

1. Auflage 2011
© 2011 cbj, München
Alle Rechte vorbehalten
Lektorat: Paula Peretti
Umschlagbild und Innenillustrationen:
Catharina Westphal
Umschlaggestaltung: Basic – Book – Design, Karl Müller-Bussdook
Ku · Herstellung: RF
Satz: KompetenzCenter, Mönchengladbach
Reproduktion: Reproline Mediateam, München
Druck und Bindung: Print Consult, München
ISBN 978-3-570-15290-4
Printed in Czech Republic

www.cbj-verlag.de

Inhalt

So hat's angefangen

So hat's angefangen!

Ich hab bald Geburtstag und diesmal wünsche ich mir was ganz Besonderes! Meine Eltern haben ja gestaunt!

»Ich will mal jemanden treffen, der mir was erzählen kann vom Himmel und der Erde«, hab ich gesagt. »Und Lisa und Celia und Lucas und Tim, die wollen das auch. Weil, ihr wisst ja leider nix darüber!«

Und damit war meinen Eltern sofort klar, da muss ein Professor her von der Universität. Der hat studiert, der weiß alles und bringt das seinen erwachsenen Studenten bei.

»Aber ob er auch euch Zwergen so was Schwieriges erzählen will?«, haben meine Eltern gezweifelt.

Und haben schon wieder gestaunt! Weil, der Professor will, und wie!!!

Er wäre sehr gerne ein Geburtstagsgeschenk, und Treffpunkt sei morgen um drei Uhr im Stadtpark. Und er sei schon sehr neugierig auf seine jungen Studenten.

Da war ich aber stolz! Und meine Eltern auch.

1. Der erste Treff im Stadtpark

Wir erfahren, wie unsere Erde entstanden ist

Punkt drei versammeln wir uns im Stadtpark und hocken uns erwartungsvoll ins Gras. Kein Geschwatze und Gekicher. Ich glaub, wir sind alle ein bisschen aufgeregt. Ich jedenfalls schon. Einen Professor habe ich noch nie getroffen, und wenn ich nun nix kapiere? Lacht er mich dann aus? Lachen die anderen mich dann aus?

Tim kommt als Letzter angeschlappt. Na ja, wenn man so dick ist wie er, dauert halt alles ein bisschen länger.

Lisa hat natürlich ein Heft dabei und gespitzte Stifte, das sehe ich gleich. Na klar, sie ist ja unsere Schlaue! Ganz bestimmt schreibt sie blitzgeschwind das auf, was uns der Professor vorlesen wird.

Ich hab keins dabei... Lucas aber auch nicht und Celia sowieso nicht. Die kann ja überhaupt noch nicht schreiben,

die ist ja noch ein Kindergartenzwerg. Und was Tim da in seinem Rucksack hat, das ist bestimmt ein dick belegtes Brötchen und kein Heft!

Ja, jetzt sind wir alle da. Und wo ist jetzt unser Professor? Den ich doch allen versprochen habe? Wenn er nicht kommt, dann hab ich mich aber mächtig blamiert. Lisa guckt auch schon so komisch zu mir her...

Aber da, da kommt ein Mann gerannt, springt über eine Bank und winkt zu uns rüber. Ganz deutlich.

Ist das etwa unser Professor? Der sieht ja gar nicht so aus! Kein Anzug mit Krawatte, kein Buch unterm Arm zum Vorlesen. Der sieht ja aus wie mein Papa, wenn er daheim ist. T-Shirt, Jeans und Turnschuhe, da baumeln die Bändel.

Aber obenherum, da sieht er doch ein bisschen aus wie ein Professor. Wenig Haare, ein bisschen Bart und eine Brille.

Er ist es! Ich hab's geahnt und die anderen staunen wie ich! Ein Professor in Turnschuhen, der winkt und lacht: »Prima, dass ihr da seid! Verzeiht, aber ich bin stecken geblieben im bescheuerten Stau!«

So spricht doch kein Professor, oder? Doch, der schon. Und er hockt sich auch gleich zu uns auf den Boden. Da hab ich gleich gewusst, mit dem wird's lustig und nicht streng.

»Nun denn, auf zur Tat«, sagt er und lümmelt sich im Gras.

»Ich bin also euer Professor, der euch was erzählen wird. Harald heiße ich, ihr könnt aber auch Prof zu mir sagen. Entscheidet euch.«

Wir schauen uns an. Was denn! Wir müssen nicht Herr Professor zu ihm sagen, wie wir das unseren Eltern haben versprechen müssen?

Na ja, einer, der mit Turnschuhen mit uns im Gras sitzt und uns zublinzelt, das ist ein...

»Prof!«, rufen wir alle, da sind wir uns einig. Prof klingt wie ein lustiger Hundename.

»Alles geklärt!«, sagt der Prof und kaut an einem Grashalm. »Jetzt möchte ich gerne meine jungen Studenten kennenlernen.«

Ehe ich aufstehen kann, ist schon Lisa aufgesprungen, ihr Heft fest an sich gedrückt. Hätte ich mir ja denken können! Lisa, die Streberin!

Und schon legt sie los: »Ich heiße Lisa, bin neun Jahre alt und ich komme bald ins Gymnasium, denn ich bin eine sehr gute Schülerin, und ich habe auch gleich eine wichtige Frage.«

Na klar, das musste ja kommen! Lisa hat immer wichtige Fragen und alle Lehrer lieben sie!

Lisa kramt in ihrem Heft und liest laut vor: »Warum dehnt sich das Universum aus? Das habe ich nämlich mal gehört.«

Der Prof setzt sich auf und seufzt. »Das fängt ja gut an! Nämlich mit einer Frage, Lisa, die ich absolut nicht beantworten kann! Ich weiß es nicht! Das hier, was wir hier sehen...«, er zeigt nach oben, rechts und links, »das Universum, also der Himmel, dehnt sich immer weiter weg. Das wissen wir! Aber wohin er sich dehnt und warum, keine Ahnung! Lisa, bist du zufrieden?«

»Nein!«, sagt Lisa und kritzelt in ihr Heft.

»Ich auch nicht, Lisa«, seufzt der Prof und putzt seine Brille.

Was denn! Ein wichtiger Professor, der was nicht weiß und es auch noch zugibt? Ich kann so was nicht, weil, dann fühle ich mich immer blöd. Der aber kann das und schämt sich dabei kein bisschen! Das muss ich mir merken, das probiere ich mal aus!

Aber jetzt bin ich erst mal dran. »Ich heiße Ida, wie meine Uroma, und...« Und jetzt weiß ich nicht weiter. Soll ich's sagen oder nicht? Ist doch ein bisschen komisch, oder nicht? Doch, ich sag's! Leider werde ich dabei knallrot. »Sie sind nämlich mein Geburtstagsgeschenk!«

Sofort kichern alle los, der Prof aber nicht.

»Wirklich eine Ehre für mich, Ida!«, sagt er und schüttelt meine Hand. Ganz ernst! Ich schaue schnell zur Lisa. Hat sie das gesehen? Ihre Hand hat er nämlich nicht geschüttelt!

Lucas steht auf und nuschelt: »Ich heiße Lucas mit C und ich habe eine Zahnspange, seit vorgestern. Also, wenn ich mal spucke und ldisple, dann kann ich nichts dafür, ich sag's lieber gleich.«

»Lieber Lucas mit C, ich kann dich hervorragend verstehen«, sagt der Prof. Und ich freue mich. Lucas kriegt auch nicht die Hand geschüttelt. »Als ich so alt war wie du, hatte ich auch so 'n Ding im Mund. Da siehste's mal, wir haben was gemeinsam.«

Lucas grinst stolz und breit, dass die Zahnspange glitzert in der Sonne, und stupst Tim an.

Der bleibt im Gras hocken und bewacht seinen Rucksack. Mal wieder typisch für Tim! Bloß keine Bewegung zu viel. Aber immerhin, er macht den Mund auf und nicht nur, um was reinzustopfen.

»Tim heiße ich und ich geh mit denen da in eine Klasse.« Er zeigt auf Lisa, Lucas und mich. »Ich bin bloß gekommen, weil

mein Papa das gut findet. Aber wenn's mir langweilig wird, geh ich wieder!«

Der Prof nickt. »Das heißt also, wenn du dableibst, ist das ein großes Kompliment für mich?«

»Ist es!«, sagt Tim und drückt mit seinem dicken Hintern noch mehr Gänseblümchen platt.

»Ich werde mich bemühen«, sagt der Prof und reckt den Hals. »Und wer bitte ist diese junge Dame dahinten, die sich gerade offenbar gut mit einem Hund unterhält? Gehört sie auch zu uns?«

Wir drehen uns um und sofort kreischt Lisa los: »Celia, Windelzwerg, hör auf, komm her, aber sofort!«

Celia ist davonmarschiert, in den Park hinein, und wir haben

es nicht gemerkt. Und klar, Celia kommt nicht sofort. Celia kommt überhaupt nicht, Celia spricht mit dem Hund. Und jetzt purzeln unsere Sätze durcheinander, weil Lisa und ich, wir müssen doch dem Prof Celia erklären.

»Lisas Schwesterchen« ... »Muss ich doch immer mit-schleppen, voll nervig« ... »Lisas Eltern haben halt keine Zeit« ... »Immer ist dieser Windelzwerg dabei« ... »Mensch, Lisa, Celia ist so süß, die stört doch gar nie« ... »Hast du eine Ahnung, Ida« ... »Also, ich hätte gern so ein Schwester-chen« ... »Na bitte, kannst sie haben, ich schenk sie dir.« Klappe, Lisa! Ist ja richtig peinlich, unser Geschrei!

Und was macht der Prof? Der steht einfach auf und weg ist er. So! Das haben wir jetzt davon! Lisa und ich, wir starren uns

böse an. Du bist schuld, nein, du! Da ist er schon wieder da, und an seiner Hand marschiert Celia und teilt ihm stolz mit: »Hab keine Windeln mehr. Bin kein Windelzwerg!«

»Herzlichen Glückwunsch, Celia!« Der Prof setzt sie neben sich auf eine Bank. Celia hockt ganz still und staunt andächtig seine Glatze an.

»Nun sind wir vollzählig, nun können wir beginnen«, sagt der Prof und lächelt zur staunenden Celia runter.

»Ich unterrichte hier an der Universität Astronomie, das heißt, ich bin ein Astronom. Ihr wisst, was der macht?«

Ja, sicher wissen wir das! Das ist einer, der schaut durchs Fernrohr in den Nachthimmel und schreibt dann auf, was er da sieht.

»Teleskop heißt das!«, ruft Lisa sofort, diese Besserwisserin!

»So sagen wir heute dazu!«, sagt der Prof und zwinkert mir zu. »Das Wort Fernrohr stimmt natürlich auch, es ist nur ein bisschen aus der Mode gekommen. Durch so ein Fernrohr hat nämlich vor 400 Jahren zum ersten Mal ein italienischer Astronom geschaut, das war Galileo Galilei, und hat mächtig gestaunt. Was er da gesehen hat, ich sag's euch, da waren alle platt. Aber davon erzähle ich euch später. Bleiben wir doch erst mal auf der Erde, einverstanden? Schließlich hocken wir ja da drauf, stimmt's, Celia?«

»Nein, auf der Bank!«, sagt Celia bestimmt und zappelt mit den Beinen.

»Und die steht auf der Erde«, grinst der Prof und hält mit einer Hand die Zappelbeinchen fest. »Unsere Erde! Wenn wir geboren werden, dann ist da schon alles da! Wälder und Berge und Meere und Häuser...«

»Und Fußballplätze«, nuschelt Lucas, und »Hund!« kräht Celia, und wenn der Prof jetzt nicht aufpasst, dann hüpft sie gleich von der Bank und ist schon wieder auf der Suche nach einem Hund. Aber, er passt auf! Celia bleibt sitzen und er kann weitererzählen:

»Ja, da fragt man sich doch, wie ist unsere Erde überhaupt entstanden? Wie ist überhaupt etwas entstanden? Da muss man sich doch wundern. Wo kommt was her, was vorher noch nicht da war im riesengroßen Universum? Also, unsere Erde ist uralt, wirklich ur-ur-alt. Wollt ihr eine Zahl wissen, wie alt sie ist?«

Lucas, Tim und ich schütteln die Köpfe. Neee, brauchen wir nicht. Heute ist doch keine Mathestunde. Nur Lisa, natürlich Lisa, ruft »Ja!« und zückt schon ihren Stift.

»Na schön, schreib's auf«, sagt der Prof und diktiert laut und deutlich: »4,6 Milliarden Jahre ist unsere Erde alt. Und das, liebe Lisa, ist eine Zeitspanne, die kann sich kein Mensch vorstellen. Ich nicht und du vermutlich auch nicht, hab ich recht, Lisa?«

Lisa schnauft und nickt, aufgeschrieben hat sie's trotzdem. Ziemlich krakelig. Na ja, Schreiben mit Heft im Gras geht halt nicht so gut.

»Einigen wir uns darauf, dass unsere Erde wirklich uralt ist, unsere Erde ist nämlich ein Planet. Genauer gesagt ein Felsenplanet«, erzählt der Prof weiter. »Das sind nämlich nicht alle Planeten im Weltall, im Universum, müsst ihr wissen, aber davon erzähle ich später. Aber woher wissen wir denn, dass unsere Erde ein Felsenplanet ist? Das ist ganz einfach. Los, Freunde, probiert es mal aus!« Er springt auf und wedelt mit beiden Armen. Sofort springen wir, Lisa, Lucas und ich, wie blöd auf der Wiese herum. Fester Boden ist unter unseren

Füßen. Da wackelt nichts. Und Celia hüpft begeistert auf der Bank. Nur Tim bleibt hocken im Gras. Zum Rumhüpfen hat ihn sein Papa bestimmt nicht hergeschickt. Aber immerhin, er ist noch da. Der dicke Tim, nicht sein Papa…

»Hart, nicht wahr?«, ruft der Prof zufrieden. »Und unter der Wiese sind andere Felsen, viele Schichten Felsen, eisenhart. Hinsetzen, Freunde, es geht weiter.«

Wir sitzen wieder, alle. Nur Celia hopst noch auf der Bank herum und Lisa schießt scharfe Blicke zu ihr hin. Was natürlich nichts nützt, klar! Der Zwerg muss zappeln. Den Prof stört das überhaupt nicht. Jetzt ist er richtig in Fahrt, das merke ich gleich. Hinter seiner Brille leuchten seine Augen.

»Dieser Felsenplanet, auf dem ihr gerade so prima rumgesprungen seid, wie ist der denn überhaupt entstanden? Erst mal war ja nichts im Weltraum, gar nichts. Unser Universum ist unendlich groß, unendlich alt und kalt und fast völlig leer.«

»Und es dehnt sich aus!«, sage ich schnell und kriege prompt einen strengen Lisa-Blick. Das war doch ihre Frage… Ist ja schon gut, Lisa, weiß ich doch!

Der Prof nickt und zwinkert Lisa zu. Na also, Lisa! Zufrieden?

»Wie schon gesagt, wir wissen nicht, warum das Universum das tut und wohin es sich ausdehnt. Wir haben nur messen können, dass es so ist! Weil sich Sterne zum Beispiel immer weiter von unserer Erde entfernen, und wenn sich was entfernt, muss es sich ja irgendwohin entfernen, logisch, oder? Eben ins Universum, das sich ausdehnt.«

»Wie ein Luftballon«, nuschelt Lucas. Und Celia schreit begeistert: »Ich will Luftballon haben!«

»Celia!«, schreit Lisa. »Klappe!«

»Tja!«, sagt der Prof und kratzt sich am Bart. »Luftballon, ja, könnte man schon so sagen, Lucas. Aber vielleicht bleibt es immer ein Geheimnis, warum unser Universum Luftballon spielt. Aber bleiben wir doch jetzt erst mal auf unserer Erde, einverstanden? Und du, Celia, hockst dich jetzt mal wieder auf deinen kleinen Po und hörst zu, was ich euch erzähle, ja?«

»Ein Märchen!«, sagt Celia andächtig und hockt sich tatsächlich brav hin.

Unser Prof grinst: »Neee, meine Kleine, was viel Spannenderes. Nämlich die Entstehung unserer Erde. Erst mal, wie gesagt, war ja nix im Weltraum, gar nix. Oder doch? Doch! Ihr werdet euch wundern. Da schwirrten nämlich Staubteilchen herum, und zwar in einer Gasstaubwolke. Was das ist? Nun, es ist so, Gas und Staub hängen eng zusammen. Also Freunde, in unserem Universum, im Weltall, explodieren ja immer mal heiße Sterne, jawohl. Die heißen Hüllen der explodierten Sterne rasen ins eiskalte Weltall, kühlen sich ab und bilden Gas- und Staubwolken. Dann ist aber noch in diesen Hüllen alles drin, aus was die Staubteilchen bestehen. Silizium zum Beispiel, Kohlenstoff, auch Eisen. Das sind alles Atom-arten, die sich zu großen Molekülen verbinden, aus denen sich dann irgendwann Staubteilchen bilden. Neee, Lisa, nicht mit-schreiben. Das müsst ihr jetzt alles noch gar nicht wissen. Wissen müsst ihr nur, dass alle Felsenplaneten im Univer-sum, auch unsere gute Erde, sich gebildet haben, weil die win-zigen Staubteilchen eine Oberfläche hatten, die sah ungefähr wie die Küste von Norwegen aus. War einer von euch schon mal dort?«

Nein, waren wir nicht. Aber Lucas nickt. Was denn, davon hat er uns aber nie was erzählt! Lucas grinst, dass seine Zahnspange funkelt. »Mit dem Finger auf'm Globus!«

So ein Witzbold! Da ist der Witzbold Lucas schon losgesaust und sammelt auf dem Weg Steinchen auf und die sortiert er im Gras zu einem Zickezacke. Auf dem Grasplatz, den Tim vorhin schon platt gesessen hat.

»Zackelig ist die Küste, weil da so viele Fjorde sind. Das sind Buchten, mit viel Wasser drin«, nuschelt er stolz.

Und stolz darf er wirklich sein, muss ich zugeben. War 'ne gute Idee.

Der Prof klatscht begeistert Beifall und Celia klettert von der Bank und ist auch begeistert. Mit Steinchen spielen, das ist schön. Und aus dem Zickezacke von Lucas wird ein noch gezackteres Zickezacke. Der Prof schaut zu und freut sich.

»Ziemlich genau so haben die Staubteilchen ausgesehen, aber viel, viel kleiner. So winzig klein, dass man die nicht mal unterm Mikroskop hätte sehen können«, sagt er.

»Logisch!«, sage ich schnell. »Damals gab's ja auch noch keines!« Krieg ich jetzt auch Beifall? Kriege ich nicht.

»Logisch!«, bestätigt bloß der Prof, ganz ohne Zwinkerei.

»Nix gab's. Nur eben diese Winz-Staubteilchen, und die haben sich getroffen und ineinander verhakt, eben weil sie so ausgesehen haben, zackelig, wie die Küste von Norwegen. Und dann sind sie aneinander kleben geblieben. So wurden sie, logisch, zu Staubkörnern, weil die großen die kleineren an sich gezogen haben. So sind sie, logisch, zu Staubbrocken geworden. Immer größer und größer, groß wie ein Haus, groß wie fünf Häuser, groß wie ...«

»Ein Fußballfeld!«, grunzt Tim im Gras. »Fußball finde ich gut. Aber nur zum Zugucken.«

»Ich auch«, grinst der Prof. »Die Staubbrocken wurden aber noch viel größer. Groß wie eine Stadt, groß wie drei Städte, groß wie ein Gebirge ...«

»Groß wie ganz Deutschland, nein, Amerika!«, ruft Lisa und kritzelt schon wieder in ihr Heft.

»So groß, wie ich nicht denken kann«, murmele ich, denn wenn er schon so erzählt, dann muss das auch so gewesen sein.

»Stimmt, Ida!« Der Prof nickt mir zu. Jetzt kriege ich also doch noch meinen Beifall!

»Unvorstellbar, nicht wahr? Aber es ist wahr. Ja, und was ist dann passiert? Da wirbelten diese riesigen Staubbrocken zusammengeklammert herum und kamen sich in die Quere, und dann sind sie natürlich, zack, zusammengestoßen. Konnte ja nicht anders kommen, logisch. Und durch diesen Zusammenstoß wurde Energie frei.«

»Was Energie ist, weiß ich«, nuschelt Lucas und grinst. »Ich hab davon nämlich 'ne ganze Menge. Immer wenn ich daheim rumtobe und mein Zimmer umräume oder so was Lautes mache und meine Eltern schon total schlapp sind, dann jammern sie immer, ich hätte viel zu viel Energie.«

»Blödmann!« Lisa knufft Lucas in den Bauch. »Energie ist in der Glühlampe, kommt von der Sonne, kommt aus der Steckdose...«

»War doch ein Witz, Streberin«, zischelt Lucas und knufft zurück.

»Blöder Witz!« Und Lisa klatscht ihm ihr Heft ziemlich feste auf den Kopf. So was! Wollen die sich hier jetzt kloppen, mitten im Park, vor dem Prof? Das ist doch peinlich!

Warum sagt er denn nichts? Schaut bloß zu! Jetzt müsste er doch schimpfen, das tun Erwachsene doch immer, wenn Kin-

der streiten. Nein, tatsächlich, er ist ein anderer Erwachsener. Er lacht!

»Prima, Freunde! Hier haben wir ein prächtiges Beispiel für Energie! Wenn Lisa jetzt dem Lucas was auf die Ohren gibt, werden seine Ohren erst mal warm, und dann natürlich: Aua, aua, Schmerz! Das ist die Wärmeenergie. Die brennenden Ohren. Auch in der Glühlampe, aus der Steckdose, Wärme-energie von der Sonne, Lisa hat völlig recht. Aber könntest du bitte aufhören, auf Lucas einzudreschen, tu mir den Gefallen.«

Lisa wird rot. Geschieht ihr recht!

»Lucas hat nämlich auch recht, Lisa!«, fährt der Prof fort, »Lucas' Rumräumerei, das ist Bewegungsenergie. So, Freunde, jetzt gebt euch die Hand und dann ist Friede und Zuhören ist angesagt. Und du, Celia, hörst bitte auf, Steinchen in meine Schuhe zu stecken. Soll ich weitererzählen?«

Ja, er soll. Lisa und Lucas sind friedlich und Celia rupft, statt Steinchen zu stopfen, Gänseblümchen von der Wiese. Hoffent-lich nicht in seine Schuhe…

»Energie ist also die Fähigkeit, etwas tun zu können, wir Wissenschaftler sagen: Energie ist die Fähigkeit, Arbeit zu leisten«, erzählt der Prof und zieht vorsichtshalber Beine samt Schuhe auf die Bank. »Zum Beispiel die Bewegungs-energie. Also, wenn sich etwas bewegt, kann es zum Still-stand gebracht werden. Und dadurch, dass es zum Stillstand gebracht wurde, kann es andere Dinge in Bewegung setzen. Denkt mal ans fließende, also bewegte Wasser. Das läuft zum Beispiel über ein ruhendes Mühlrad...« Er überlegt und schaut uns fragend an. »Sagt mal, kennt ihr so was überhaupt noch?«

Ja klar, ich schon! Weil mir das meine Uroma immer vorgesungen hat. Leise fange ich an zu singen: »Es klappert die Mühle am rauschenden Bach, klipp, klapp!«

Der Prof strahlt und singt mit, viel lauter als ich: »Bei Tag und bei Nacht ist der Müller stets wach, klipp, klapp!« Wir singen schön zusammen. Ich könnte ewig mit ihm so weiter singen... Aber er erzählt schon weiter: »Und irgendwann fällt das Wasser dann runter, übers Mühlrad, und was macht das Mühlrad dann?«

»Klipp, klapp!«, kreischt Celia.

»Genau, Celia, das Mühlrad bewegt sich, vom Wasser in Bewegung gesetzt. Und das nennt man eine Verwandlung von einer Energieform in die andere. Das Wasser fällt ja nur deswegen aufs Mühlrad, weil es vom Berg runterfließt, hat also die Energie, etwas in Bewegung zu setzen, nämlich das Mühlrad, klar?«

»Klipp, klapp!« Celia patscht begeistert auf die Knie vom Prof.

Der grinst und Lucas springt auf und nuschelt los: »Ich weiß was! Beim Fußball ist es genauso. Mein energischer Fuß kickt den Ball, also gibt er dem die Energie weiter. Der Ball fliegt zickezacke ins Tor und ich hab gewonnen! Das ist Energie!«

»Könnte man so sagen, Lucas«, lobt der Prof. »Ich sehe schon, Fußbälle sind dir lieber als Mühlräder. Aber bleiben wir doch mal bei Celias Klipp-Klapp-Mühlrad und ersetzen wir das mal durch eine Turbine, dann kriegen wir elektrische Energie, für die Glühbirne von der Lisa, für den Herd, der die Milch kocht für Celias Kakao. Du magst doch Kakao, Celia?« Der Prof beugt sich runter und zupft Gänseblümchen aus seinen Schuhen.

»Neee!«, sagt Celia und klettert auf seinen Schoß.

»Ich auch nicht«, lächelt der Prof und setzt den Zwerg neben sich auf die Bank. Aber immerhin, er legt den Arm um sie, das ist nett, finde ich. Und ich hab begriffen, Energie ist was, das heiß machen kann. Bloß, weil es sich bewegt! Oder was verändern kann, weil es sich bewegt! Da erzählt er schon weiter.

»Jetzt aber zurück zum Thema, Freunde! Wir wissen also, durch den Zusammenstoß der Staubbrocken wurde Energie frei, und zwar Wärme. Der Staub wurde also immer wieder aufgeheizt, so sind die Brocken einfach zusammengeschmolzen. Immer wieder sind andere Staubfelsbrocken draufgeknallt, zusammengeschmolzen, draufgeknallt, zusammengeschmolzen, und wieder feste drauf, und so wuchs unsere

Erde heran. Jetzt wissen wir also, dass die Erde ein riesengroßer Staubbrocken ist und unglaublich viele Einschläge erlitten hat. Irgendwann sind immerzu riesige andere Staubbrocken draufgeknallt, immer feste drauf. Na, das muss ja ein Geknalle und Gedonner gewesen sein.«

»Wumm, Wumm, Wumm. Angst!«, flüstert Celia und hält sich die Ohren zu.

Ich schau zwischen den Bäumen in den Himmel hoch. Wenn da jetzt so ein Riesenstaubbrocken runtergesaust käme, also, da wär mir aber sehr unheimlich zumute.

Aber der Prof lächelt und zieht Celia die Hände von den Ohren. »Damals war ja noch keiner da, der das gehört oder gesehen hätte. Heute passiert das ja auch nicht mehr, unsere Erde ist komplett! Und wunderschön, wie ich finde. Schaut euch doch nur mal um. Frisches grünes Gras, was ihr gerade platt hockt. Bäume, die Schatten spenden, auf die man klettern kann oder einfach staunen, wie groß und schön sie sind. Und wenn es Obstbäume sind, dann sind da Früchte drauf, die uns schmecken…«

»Erdbeeren!«, ruft Celia begeistert und da muss sogar Lisa lachen, unser Prof lacht noch lauter und wedelt mit den Armen und zeigt nach oben, nach links, nach rechts, rüber zum Teich.

»Schaut ihn euch an! Klares Wasser, hübsche Wellen, Pflan-

zen drum herum, Enten schwimmen. Hört ihr das Geschnatter? Hört ihr das Gequake? Frösche! Bildschön und perfekt, besser hätten wir's gar nicht treffen können. Und sie ist überall perfekt, unsere Natur, nicht nur hier, sondern überall auf dem Globus. Wüsten, Gebirge, endlose Wälder, Felder, Ozeane...«

»Autobahnen!«, nuschelt Lucas.

»Pommesbuden«, murmelt Tim.

»Fabriken, Flugzeuge, Kinos«, sagt Lisa und ich sage nichts. Mir fällt nichts ein oder aber viel zu viel.

Unser Prof hat sich sowieso wieder auf die Bank gesetzt, putzt seine Brille und grinst uns an. Richtig ein bisschen verlegen.

»Jetzt habe ich doch vor lauter Begeisterung über unsere perfekte Erde beinahe den Faden verloren. Da seht ihr's mal. Euer Prof ist so einer, der immer noch staunen kann, dass er hier, heute und jetzt auf diesem wunderbaren Felsenplaneten leben darf. Unsere Erde hat nämlich nicht immer so ausgesehen, na, das ist euch sicher klar. Ursprünglich nämlich war unsere Erde absolut ohne Wasser. Sie war nur ein riesiger, rot glühender Felsen, stellt euch das mal vor. Da kann nix leben, gar nix. Aber, sie war schon rund. Sie hat sich nämlich gerundet durch ihre eigene Schwerkraft. Und wenn ihr den wissenschaftlichen Namen dafür hören wollt, bitte schön, hier ist er: Gravitation.«

Doch, das Wort muss ich mir merken, klingt schön, aber was genau ist das?

»Ich weiß!« Lisa springt auf. Na klar, die Lisa, wer denn sonst! »Wenn ich nämlich einen Stein hochschmeiße, so!«, sie tut's, »fällt der von selber wieder runter, das ist die Gravitation. Habt ihr's gesehen?«

Jawohl, Frau Besserwisserin! Und der Stein hätte beinahe deine kleine Schwester getroffen...

Jetzt steht Lucas auf und zischelt hin zu Lisa: »Dann erklär mir aber mal, warum dein Stein jetzt nicht rund geworden ist wie die Erde, wo doch deine Gravitation so was kann. Er hat's gesagt!«

Er zeigt auf den Prof, der nickt. »Stimmt, Lucas, bei der Erde hat das prima funktioniert. Denn Schwerkraft, Lucas, du kannst ruhig Schwerkraft sagen, hat was mit Masse zu tun. Also, je größer die Masse ist und je kleiner der Raum, in dem die Masse drin ist, umso stärker ist die Schwerkraft. Schwieriger Satz, ihr kapiert ihn gleich! Lisas Steinchen ist im Vergleich zum riesengroßen Brocken Erde winzig. Klar! Genauso winzig ist aber auch unsere Erde im Vergleich zum unvorstellbar riesigen Weltraum, dem Universum. Aber im Vergleich zum winzigen hochgeschmissenen Steinchen von Lisa ist sie doch viel schwerer. Leuchtet euch das ein?«

Er kratzt sich am Bart, und was das heißt, weiß ich schon:

Gar nicht leicht zu erklären. Auch für Lisa nicht, da bin ich sicher. Sie kritzelt heftig in ihr Heft, Lucas hat den Mund aufgerissen, dass seine Zahnspange blitzt, Celia rutscht auf der Wiese herum, sammelt Steinchen, und Tim, ich glaube, Tim ist eingeschlafen. Hingelümmelt im Gras. So was!

Aber den Prof stört es nicht, er erzählt weiter – und jetzt wird's wieder spannend.

»Warum die Erde so rund geworden ist durch die Schwerkraft, könnten wir uns so vorstellen wie ein Tonklumpen auf einer Töpferscheibe. Wir batzen also den Tonklumpen da drauf, und die Scheibe dreht sich und dreht sich, und wir halten die Hände um den Klumpen und nach einer Weile wird er rund. Nun hat aber die Erde, gedacht mal als Tonklumpen, nicht auf einer Töpferscheibe gelegen, sondern sie hat sich ganz von selber gedreht. Und die Hände, die sie gehalten haben, damit sie nicht auseinander fällt, die heißen...«

»Schwerkraft!«, rufen Lisa und ich gleichzeitig, na ja, natürlich Lisa ein bisschen schneller als ich.

»Gravitation!«, brummelt Tim. »Das erzähle ich meinem Papa, aber der weiß das bestimmt schon.«

Ach, Tim ist wieder aufgewacht!

»Tim ist wieder an Bord!«, freut sich der Prof. »Dann kannst du deinem Papa auch gleich erzählen, dass es die Schwerkraft ist, die uns am Boden hält. Sie ist eine Kraft, die immer funk-

tioniert. Sie lässt sich sozusagen niemals ausschalten. Sie führt im ganzen Universum, im Weltall dazu, dass es überhaupt was gibt. Denn in einem sich immer weiter ausbreitenden Universum würde ja alles auseinander fliegen, ohne Schwerkraft. Stellt euch einmal vor...«, der Prof wirft die Arme hoch, »die Sonne fliegt davon, der Mond, die Sterne, nix würde sie dort festhalten, wo sie hingehören...«

»Oder ich falle einfach von der Erde runter!«, ruft Lucas und springt in die Luft, landet aber gleich auf seinem Po. Alle lachen.

»Eine Katastrophe!«, erzählt der Prof weiter. »Nur die Schwerkraft sorgt dafür, dass das nicht passiert. Die Schwerkraft der Sonne hält die Planeten, also auch uns, fest und so bleiben wir an unserem Platz. Die Schwerkraft der Sonne und der Erde hält den Mond an seinem Platz. Die Schwerkraft der Milchstraße, die erkläre ich euch später, hält die Sonne und alle anderen Sterne an ihren Plätzen, ist das nicht toll?«

Wir nicken alle, sogar Celia. Aber ich glaub, sie nickt nur, weil wir alle nicken. Und ich glaub, wir nicken alle, weil sich unser Prof so freut, dass wir nicken. Es war jetzt ein bisschen schwierig, aber wir können ja noch mal drüber nachdenken, Lisa hat ja alles aufgeschrieben. Sie ist zwar eine Streberin, aber abschreiben darf man bei ihr immer.

»Aber, liebe Leute«, und jetzt reckt unser Prof die Hand wie in der Schule, »was die Schwerkraft wirklich ist, ist immer noch nicht klar. Tut mir leid für euch, aber auch für mich. Wir können erklären, wie sie wirkt, aber warum es sie gibt, wissen wir Forscher nicht.«

»Weiterforschen«, nuschelt Lucas.

»Meinen Papa fragen«, brummelt Tim.

»Ich studiere mal Physik, vielleicht krieg ich's raus«, sagt Lisa eifrig. Celia sagt gar nichts, Celia ist eingeschlafen auf der Bank. Und wenn der Prof sie jetzt nicht festhält, dann sorgt die Schwerkraft dafür, dass sie zu Boden plumpst. Das weiß ich jetzt und das sag ich auch dem Prof.

»Danke für eure Ratschläge«, lächelt er und hebt Celia vorsichtig auf seinen Schoß, und ich seh's genau, eine schlafende Celia auf seinem Schoß, das ist er nicht gewohnt. Bei seinen Studenten in der Uni passiert das bestimmt nicht. Er erzählt weiter, aber ziemlich leise, er will Celia nicht wecken, das ist nett.

»Die Umdrehung der Erde«, flüstert er und seine Hände drehen sich um einen nicht sichtbaren, fußballgroßen Erdball. »Die Erde also hat sich gedreht, dreht sich auch heute noch,

und zwar in jeder Sekunde knapp fünfzig Meter weiter, immer um ihre eigene Achse. Eigentlich ganz schön schnell, oder? Nehmen wir mal an, ihr rennt fünfzig Meter weit, da braucht ihr bestimmt länger als eine Sekunde.«

»Ich renne nie!«, brummelt Tim. »Mein Papa schon. Aber so schnell schafft er's nicht.«

»Niemand, Tim«, sagt der Prof. »Aber wir merken nichts davon, wie die Erde sich dreht. Einfach darum, weil wir viel zu klein sind! Nicht nur unser Winzzwerg Celia, auch ich. Wir merken ja noch nicht mal, dass die Erde eine Kugel ist. Wir würden es nur merken, wenn wir sehr weit von der Erde entfernt wären, so wie die Astronauten. Die können nämlich aus dem Weltraum die Erde begucken und sehen, die Erde ist eine Kugel. Sieht zum Staunen schön aus, diese Kugel-Erde.«

Und schon schwärmt er los, und vor lauter Schwärmen vergisst er das Flüstern und Celia wacht auf.

»Zu gerne würde ich das mal sehen, unseren blauen kugeligen Planeten von außen betrachten. Ich sage euch, das muss ein Erlebnis sein wie Weihnachten, Ostern und Geburtstag zusammen. Noch viel besser! Ich wäre einfach platt vor Begeisterung.«

»Mein Schmusetuch ist blau!«, verkündet Celia und macht es sich wieder auf seinem Schoß bequem.

Der Prof lächelt und krault ihren Rücken. »Aber unsere Erde ist nicht in ein blaues Schmusetuch gewickelt, Celia. Blau ist sie deshalb, weil sehr viel Wasser auf ihr ist, und das ist ein Riesenglück für uns. Aber davon erzähle ich euch morgen. Jetzt erst mal weiter zur Erdumdrehung. Jetzt wissen wir, dass die Erde eine Kugel ist und sich dreht und dass wir nix davon merken. Ha, Freunde, doch, wir merken es natürlich doch! Morgens geht die Sonne auf und am Abend geht sie unter, das weiß jeder. Da wird man sagen: Moment mal, da dreht sich doch alles um uns. Aber nein, das weiß doch jeder, dass die Erde sich um die Sonne dreht und nicht die Sonne um die Erde. Nur der Mond dreht sich um die Erde und beide aber um die Sonne. Also, wir merken schon etwas davon, dass die Erde sich dreht. Aber wir merken es nicht direkt unter unseren Füßen.

Aber jetzt mal zurück zum Anfang, ihr Lieben. Unsere Erde ist ja noch nicht bewohnbar. Sie ist noch ein rot glühender Felsenball. Wir wissen ja schon, die ganzen Brocken, die da auf sie eingedonnert sind, wurden aufgeschmolzen, wurden heißer und heißer im Inneren der Erde, weil immerzu von außen Energie zugeführt wurde. Nur, irgendwann ist nix mehr auf die Erde eingedonnert und nix war mehr da zum Einschmelzen. Ja, und dann fing unser Urplanet, unsere Erde, an zu erkalten an seiner Oberfläche. Da erstarrte das ganze Gestein. Ungefähr so wie bei den Vulkanen. Vulkane kennt ihr?«

Logisch! Kennen wir alle. Aber gesehen, in Wirklichkeit, haben wir noch keinen.

»Doch, mein Papa«, brummelt Tim.

Lisa und ich stöhnen leise. Immer der mit seinem Papa! Aber da hat der Dicke sich doch tatsächlich hochgestemmt und erzählt stolz und laut: »Mein Papa hat den Vesuv gesehen in Italien. Der spuckt nämlich glühende Steinmassen aus, die fließen dann runter. Wenn dann da unten Dörfer sind, haben die ein schlimmes Unglück, sagt mein Papa. Weil sie dann total zugeschüttet werden, mit Mann und Maus. Aber als mein

Papa da war, hat er leider kein bisschen gespuckt, also, der Vulkan, nicht mein Papa. Der spuckt nie!«

»Wie schön!«, grinst der Prof. »Unser Tim, er ist noch da! Und sogar mit einem wichtigen Beitrag. Es ist schon ein tolles Schauspiel, wenn aus dem Krater des Vulkans Lavaströme ausgestoßen werden, wahnsinnig heiß fließt die Lava dann zu Tal. Magma nennt man die flüssige Gesteinsmasse, so lange sie im Erdinneren bleibt. Kommt sie an die Oberfläche, sagt man Lava dazu. Was guckt ihr denn so?«

Er putzt seine Brille und schaut uns an. »Seid ihr traurig wegen der sterbenden Dörfer, Menschen, Tiere? Es kommt doch heute zum Glück nur noch sehr selten vor, aber vor vielen, vielen Jahren, da hat es leider eine ganze Stadt am Fuße des Vesuvs erwischt ...«

»Das war Pompeji!« Tatsächlich, Tim steht immer noch.

Hat mein Papa gesagt, denke ich, aber laut sage ich's nicht, Tim sagt's ja prompt auch selber.

»Hat mein Papa gesagt! Und die da gucken bloß so, weil sie nicht wissen, was Magma ist. Ich schon. Magma heißt die Spucke vom Vulkan.« Und damit platscht er sich wieder ins Gras.

Tim ist wieder Tim, und sein Papa, der hat recht. Weil der Prof ihm zunickt. »Eine tragische Geschichte, heute können wir noch Überreste der ausradierten Stadt Pompeji besichtigen. Aber zurück zur Erde. Solches Magma ist also aus unserer Erde gequollen, ist erstarrt, wurde fest. Unglück konnte das glühend heiße Magma nicht anrichten, denn auf der Erde gab's ja noch kein Leben, was zerstört hätte werden können. Ihr erinnert euch. Ursprünglich war unsere Erde nur ein rot glühender Felsen, gerundet schon durch seine Schwerkraft, aber auf unserer Erde gab es absolut noch kein Wasser. Und wo's kein Wasser gibt, da gibt's auch kein Leben, das ist klar. Aber wie kam denn das Wasser, was wir heute haben, auf die Erde? Da ist nämlich was Spannendes passiert! Da oben waren nämlich noch so vagabundierende, verirrte Felsbrocken im Universum übrig, die sind da einfach so rumgebummelt. Und denen haben wir's tatsächlich zu verdanken, dass wir hier so fröhlich zusammenhocken können. Jetzt aber leider nicht mehr!«

Er schaut auf seine Uhr und seufzt: »Freunde, die Studenten, eure erwachsenen Kollegen, warten, ich muss los in die Uni, da hilft ja nix.«

Was denn! Jetzt schon? Grad haben wir uns doch so schön aneinander gewöhnt. Also, ich könnte ihm noch ellenlang zuhören, weil, er zappelt auch so lustig dabei herum. Jetzt zappelt er auch, aber bloß, weil er wegwill zu den richtigen Studenten! Da winkt er mir zu, genau mir! Kann er denn Gedanken lesen? Weil er nämlich ruft: »Weißt du was, Ida? Es hat mir einen Riesenspaß gemacht, dein Geburtstagsgeschenk zu sein. So fröhlich und so frech wie ihr, das sind meine anderen Studenten nicht. Da geht's nun mal strenger zu, klar. Aber diesen Spaß mit euch, den möchte ich gerne morgen wieder haben. Dann erzähle ich euch genau, wie das Wasser auf die Erde kam und das Leben entstanden ist, einverstanden?«

Celia, ausgeschlafen, hüpft von der Bank, greift nach seiner Hand und kräht: »Im Schwimmbad! Ich hab ein Gummikrokodil!«

»Gruselgrusel!«, lacht der Prof und streichelt Celias Löckchen. »Neee, neee, Celia, wir treffen uns am Teich, lebendige Enten sind mir lieber.«

Und schon ist er weg und ruft nur noch: »Kommt mir gut heim und passt mir auf meine kleine Freundin auf, versprochen?«

Na klar tun wir das. Schließlich ist Lisa das ja gewohnt. Trotzdem stehen wir noch eine Weile im Park herum. Sogar Tim. Der Park sieht irgendwie anders aus als vorher. Nicht wie so einer, der immer schon da war mit seinen Bäumen, den Wiesen, dem Spielplatz. Der sieht aus, als hätte er auch Glück gehabt, so wie wir, dass die Erde so gewachsen ist, wie sie gewachsen ist. Er sieht viel schöner aus als vorher... Und die Erde unter unseren Füßen fühlt sich plötzlich ganz anders an. Fest wie immer, aber nun wissen wir, drunter ist es noch fester und noch fester, und noch weiter drunter ist es ganz brodelig, glühend heiß und gar nicht fest. Und dass unsere Erde eine Kugel ist so mitten im Weltraum, das ist doch ein bisschen gruselig.

»Nein, Ida!«, sagt Lisa streng und nimmt Celia an die Hand. »Du hast es doch gehört, wir sind stabil auf der Erde, wir haben Glück gehabt. Ich hab's aufgeschrieben. Jetzt müssen wir nach Hause, Celia hat Hunger!«

Ja klar, und gemeinsam trotten wir heim. Was wir sonst nicht tun, meistens geht jeder einen anderen Weg. Heute bleiben wir zusammen. Und keiner macht blöde Witze. Die uralte Erde ist irgendwie wie neu geworden.

2. Der zweite Treff, diesmal am Teich

Wir erfahren, wie das Wasser auf die Erde kam

Ich bin die Erste am Treffpunkt Teich, ich hab mich sehr beeilt, weil... na ja, weil ich ein bisschen gehofft habe, der Prof ist auch schon da und wir können uns schon mal vorher ohne die anderen ein bisschen was erzählen. Schließlich ist er ja mein Geburtstagsgeschenk und die anderen dürfen ja bloß dabei sein, weil ich es ihnen erlaube. Dass Celia auf seinem Schoß sitzen darf, na ja, sie ist halt klein. Klein sein hat wirklich manchmal Vorteile...

Aber der Prof ist ja sowieso noch nicht da, hier ist bloß Teich und Wellengeschwabbel mit Enten drauf, die Sonne scheint ziemlich heiß. Und da kommen auch schon die anderen. Nix ist mit dem Gespräch alleine Ida und Prof...

Lucas kommt gerannt, kickt hier ein bisschen, da ein biss-chen. Lisa mit Heft in der einen Hand schleppt an der anderen Hand Celia hinter sich her und die, ach je, schleppt dieses Monster-Gummikrokodil. Tim, natürlich, kommt als Letzter angestapft und schnauft, ich kann's hören bis hierher, und plumpst sich natürlich als Erster aufs Kieselsteinufer und bewacht seinen Rucksack. Kekse drin oder Chips? Immerhin, er ist gekommen, da wird sich der Prof aber freuen.

Da ist er auch schon da, unser Prof, wieder T-Shirt, wieder Jeans, aber diesmal barfuß, die Schuhe schwenkt er in der Hand zum Willkommensgruß und jetzt darf ich mich freuen. Weil, er setzt sich neben mich. Nicht neben Tim, nicht neben Celia. Neben mich!

Er steckt sofort die Füße in den Teich und stöhnt zufrieden: »Herrlich! Wasser, Freunde, ist wahrlich ein Gottesgeschenk. Die Sonne meint es heute sehr gut mit uns!« Er wischt sich den Schweiß von der Stirn. »Aber warum sie es manchmal so gut mit uns meint und manchmal weniger, davon erzähle ich euch ein anderes Mal. Heute ist nämlich unser Thema ...«

»Krokodil!«, quietscht Celia und schubst doch tatsächlich dem Prof das Gummimonster auf den Schoß. Aber ehe Lisa protestieren kann mit ihrem »Windelzwerg, hör auf!«, hat er das Krokodil schon zurückgeschubst und sagt: »Neee, meine Kleine, heute geht's ums Wasser. War ja nicht immer da, der

Teich hier. Und komm mir jetzt bitte nicht auf die Idee, mit dem Monster da draußen rumzupaddeln. Im Retten bin ich nämlich ganz schlecht. Mädels, passt ihr bitte auf?«

Na klar, aber sofort. Ich setze Celia schnell auf ihr Krokodil, da sitzt sie gut, viel besser als auf dem Schoß vom Prof.

Lisa hält das Krokodil fest am Schwanz und ich halte Celia fest am rosa Hosenbein. Jetzt kann er beruhigt endlich anfangen zu erzählen. Macht er aber gar nicht. Er zappelt mit den Zehen im Teich und sagt nur nachdenklich: »Wasser hat wirklich merkwürdige Eigenschaften.«

Ja, was denn für welche? Wir schauen uns an. Ach so, wir sind gefragt!

Und legen sofort los, einer lauter als der andere: Wasser ist mal heiß, mal kalt. Wasser ist manchmal Dampf, dampft aus dem Wasserkessel raus. Wasser ist manchmal gefroren, dann kann man darauf Schlittschuh laufen. Wasser plätschert manchmal im Bach, ziemlich schnell. Manchmal stürmt es im Meer oder auch nicht. Wasser kommt manchmal als Regen vom Himmel runter. Wasser bleibt manchmal auf dem Boden stehen als Pfütze. Wasser wird manchmal zu Schnee, dann kann man Schneebälle werfen.

»Immer feste drauf!« Das kommt natürlich von Lucas.

»Im Wasser wohnt Krokodil.« Na, und von wem das kommt, das ist wohl klar.

Wir kichern, auch der Prof und zwickt dem Krokodil in die Schnauze. Und wird wieder ernst.

»Aber wie kam denn nun das Wasser mit den tollen Eigenschaften überhaupt auf die Erde? Nun, wir wissen ja schon, dass da oben im Universum noch so Felsbrocken rumgebummelt sind. Jetzt müsst ihr wissen, Planeten, also auch unsere Erde, gibt es nur in der Nähe von Sternen. Von denen – Geduld, Freunde – erzähle ich später. Die Planeten, wir sind im Universum ja nicht der einzige Planet, die bilden sich zusammen mit Sternen aus Gaswolken. In den Gaswolken ist aber nicht nur Gas, sondern auch Sauerstoff und Wasserstoff und, ihr erinnert euch, auch Staubteilchen.«

»Gezackelt wie die Küste von Norwegen!«, nuschelt Lucas.

»So ist es, Lucas«, nickt der Prof und zieht die Füße aus dem Teich. Wird aber auch Zeit. Die sind ja schon beinahe ein bisschen blau! Er merkt es nicht. Er erzählt sofort begeistert weiter.

»Darum nennen wir auch diese Gaswolke die Gasstaub-scheibe. Schönes Wort, finde ich. Sauerstoff und Wasserstoff sind wichtige Elemente, die brauchen wir zum Leben. Unsere Luft ist übrigens auch ein Gas und sie besteht aus Sauerstoff, Stickstoff und Kohlendioxid.«

Er schaut uns an, der Reihe nach. Tim gähnt, Lisa kritzelt mit gerunzelter Stirn in ihr Heft, Lucas pfeffert Steinchen in den Teich, Celia sitzt nicht mehr auf ihrem Krokodil, sie liegt jetzt drauf und lutscht am Gummiohr.

Bloß ich sitze brav da und warte drauf, dass was kommt, was wir auch verstehen können… Was ist denn überhaupt Sauerstoff und noch so'n Stoff, und überhaupt, heut' rattert er aber mächtig los, das geht alles so schnell!

»Sagt mal, langweile ich euch etwa?«, fragt er und kratzt sich am Bart. Jetzt sieht er richtig ein bisschen unsicher aus. Das will ich aber nicht, er ist doch so nett, besonders zu Celia. »Nein, Prof«, sage ich schnell und Lisa nickt auch. »Sie erzählen so spannend, aber nicht immer. Stimmt doch, oder?« Und wer jetzt nickt, ist doch wohl klar. Nämlich Tim. Und zuppelt an seinem ewigen Rucksack rum.

Der Prof seufzt und putzt seine Brille. Die ist aber gar nicht dreckig. »Danke, Ida, für deine klaren Worte. Mutiges Mädel!«,

sagt er und legt tatsächlich seine Hand auf meine Schulter.
Und wer jetzt rot wird, das ist wohl leider auch klar...

»Du musst bloß wissen, dass ich es so wunderbar finde, wie
unsere Erde entstanden ist, ein reiner Zufall, es hätte im Universum auch anders kommen können. Und dass das Wasser
hier zu uns gekommen ist, auch so ein wunderbarer Zufall, da
geht mir vor lauter Begeisterung manchmal der Gaul durch
und ich vergesse, dass ja Kinder vor mir sitzen und nicht
meine erwachsenen Studenten. Verzeiht ihr mir und ich darf's
noch mal probieren?«

Wir nicken alle, was auch sonst!

Er springt sofort auf, richtig erleichtert, ich merk's genau,
und marschiert am Ufer auf und ab.

»Nun, meine Guten, was wissen wir denn schon? Ja, die
Felsbrocken, die im Weltall so rumgebummelt sind. Wir wissen auch schon, dass außer den Staubteilchen, die schließlich diese Brocken gebildet haben, auch noch so anderes winziges Zeug da herumgeschwirrt ist. Nämlich Wasserstoff,
Sauerstoff, Kohlendioxid, Helium und noch mehr so Winz-
Zeugs. Und das sind Atome, und Atome sind überhaupt die
allerkleinsten Teilchen. Staubteilchen sind ja schon winzig, ihr
erinnert euch? Aber die Atome sind noch viel viel winziger, die
können wir nämlich überhaupt nicht sehen, gar nicht!«

Lisa wedelt aufgeregt mit ihrem Heft, aber der Prof winkt

ab. »Neee, Lisa, ich weiß, was du jetzt sagen willst. Aber auch unterm Mikroskop sehen wir sie nicht. Tut mir leid, Lisa, sei nicht bös. Kann ich weitererzählen, oder bin ich wieder zu schnell?«

»Weitererzählen!«, rufen wir, sogar Tim.

Nur Celia nicht. Jetzt hat der Winzzwerg statt dem Gummi-ohr ihren Daumen im Mund.

Sofort erzählt der Prof weiter und wedelt mit den Armen: »Weil diese Atome Sauerstoff und Wasserstoff so winzig-winzig sind, können sie sich auch prima mit so einem Staub-teilchen-Gezackel zusammentun. Einmal reingefallen, zack, dringeblieben. Unser Wasser, müsst ihr wissen, besteht aus Wasserstoff und Sauerstoff. Also, so ein Wasserstoff-Atom fällt ins Staubteilchen rein, und was passiert?«

»Kann nicht mehr raus«, brummelt Tim und fingert ver-legen an seinem Rucksack rum.

Da geht bei uns aber ein Gekicher los! Sogar Celia auf ihrem Krokodil quietscht. Weil, grad gestern ist dem Tim ja selber so was passiert. Da hat er sich nämlich in das Stühlchen von Celia gequetscht, bloß so aus Spaß, und als er aufstehen wollte, ist es ihm am Hintern hängen geblieben.

Und als der Prof jetzt Tim zunickt und sagt: »Richtig, Tim, das Atom hängt da fest«, da prusten wir erst richtig los und Tims Backen sind knallrot.

Der Prof schaut verwundert: »Ich freue mich ja, dass ihr so fröhlich seid, aber sagt mal, hab ich jetzt was verpasst, was ich wissen sollte?«

Neee, hat er nicht. Und wenn Tim nicht selber erzählen will, sagen wir auch nix, ist doch klar. Tim schweigt natürlich und »Weiter im Text!« ruft der Prof und hebt dabei die quietschende Celia wieder auf ihr Krokodil, sie ist runtergepurzelt. Jetzt quietscht sie oben weiter.

»Also, meine fröhlichen Freunde, wir wissen jetzt, ein Wasserstoff-Atom ist in ein Staubteilchen-Gezackel reingefallen, hängt drin. Ab und zu kommt zu diesem Wasserstoff-Atom noch ein Wasserstoff-Atom, davon gibt's ja viele im Universum. Ab und zu kommt auch noch ein Sauerstoff-Atom angesegelt, zack, rein. Und alle können nicht mehr raus, und könnte jetzt bitte mal jemand diese Quietschemaus da abstellen?«

»Windelzwerg, hör auf, du störst!«, schreit Lisa sofort, was natürlich nichts nützt. Sie hört's einfach zu oft. Aber ehe ich eingreifen kann, hat sich schon Tim hochgestemmt, was aus seinem Rucksack gefingert und der Kleinen in den Mund geschoben. Jetzt ist ihr Mund gestopft, sie quietscht nicht mehr, sie schmatzt. Gummibärchen... Und unser genervter Prof wird wieder ein fröhlicher Prof und wiederholt: »Sauerstoff-Atom, Wasserstoff-Atom hängen fest aneinander im Staubteilchen und da, hört gut zu, bildet sich an der Staubteilchen-Oberfläche das Wasser-Molekül! Da staunt ihr, was?« Er grinst uns an. »Aber jetzt, meine kleinen Studenten, erwarte ich eine Frage, und zwar laut und deutlich. Damit ich weiß, dass ihr noch an Bord seid!«

Sofort brüllen wir los, wir können gut brüllen: »Was ist ein Molekül?«

Der Prof hält sich die Ohren zu und brüllt zurück: »Moleküle sind einfach miteinander verbundene Atome!«

»Kapiert!«, brüllen wir, und »Bravo!« brüllt der Prof und lacht. Und Lisa kritzelt sofort ins Heft. Ja, und wie ist jetzt das Wassermolekül auf die Erde gekommen und hat Wasser gebracht? Das wissen wir immer noch nicht.

Der Prof legt den Kopf schief und überlegt.

»Jetzt könnte ich euch natürlich was erzählen von der elektrischen Ladung, die da im Staubteilchen stattgefunden hat. Denn Wasserstoff ist ein bisschen positiv, Sauerstoff ein bisschen negativ. Positiv und negativ ziehen sich an, gehen also eine Verbindung ein. Aber wollt ihr's wirklich so genau wissen?«

»Ich schon!«, ruft Lisa, natürlich Lisa! Wir anderen schütteln die Köpfe. Ich glaub, wir wollen jetzt endlich mal wissen, wie die Atome drinnen in den Staubteilchen, die ja dann Felsbrocken geworden sind im Universum, zu uns auf die Erde gekommen sind und uns das Wasser gebracht haben! Und ich glaube, wir haben gewonnen.

Der Prof hockt sich zwar jetzt neben Lisa und flüstert ihr zu: »Lisa, glaub mir, das musst du nicht ganz genau wissen, es ist kompliziert. Aber vielleicht weißt du ja jetzt, was diese Verbindung für uns bedeutet?«

Und Lisa, natürlich Lisa, weiß es sofort und sagt es so, dass man nur staunen kann über diese Besserwisserin: »Ich denke, dass diese Verbindung der Atome nur bedeuten kann, dass es sich um die Entstehung des Wassers im Universum handelt.«

»Bravissimo!«, lächelt der Prof und streckt den Daumen hoch. »Der Kandidat hat hundert Punkte! Genau so war's.«

Lisa lächelt stolz zurück und ist zufrieden. Sie lächelt sogar rüber zu ihrer Schwester auf dem Krokodil.

»Aber im Universum ist es doch so scheißkalt!«, meldet sich Lucas und hat schon wieder angefangen, Steinchen in den Teich zu schmeißen, diesmal in Richtung Enten. »Da ist doch das Wasser gefroren, unser Wasser hier aber jetzt nicht!«

»Stimmt, Lucas!«, sagt der Prof und steht auf. »Gut mitgedacht, aber lass bitte die Enten leben, tu mir die Liebe. Natürlich ist das Wasser gefroren, es wurde zu Wassereis.«

»Wassereis mag ich nicht«, grummelt Tim. »Milcheis ist mir lieber. Meinem Papa auch.«

Lucas und ich müssen kichern. Ach, unser guter Tim, immer ein bisschen daneben. Lisa kichert nicht. Sie zischt ihn richtig an: »Und was bitte hat das mit unserem Thema zu tun? Bist du nur blöd oder was? Und überhaupt, ich an deiner Stelle würde überhaupt auf Milcheis verzichten.« Sie piekst ihn tatsächlich mit dem Bleistift in den Bauch. Nicht fest, aber doch. »Du wirst ja immer fetter. Und immer bloß dein Papa, dein Papa, das nervt!«

Das war aber jetzt gemein! Mensch, Lisa!

Sofort springt Lucas auf, boxt ihr aufs Heft und nuschelt: »Und was hat bitte das jetzt mit dem Thema zu tun, Streberin? Du bist ja bloß neidisch, weil Tim so'n prima Papa hat und du nicht. Der ist ja nie da und deine Mama auch nicht. Drum haste ja dauernd den Zwerg am Hals!«

Das war jetzt aber auch gemein! Mensch, Lucas!

Der Prof schaut schweigend von einem zum anderen, kratzt sich am Bart und ich merke genau, so ein Kinderstreit, das ist er nicht gewohnt. Man muss ihm helfen, aber ehe ich überlegen kann, kommt Celia anmarschiert und zupft ihn am Hosenbein: »Du, ich will ein Eis.«

»Prima Idee, Celia!«, grinst der Prof und greift nach Celias Hand. »Ich auch! So kommen wir wunderbar wieder zurück zum Thema und tun uns auch noch was Gutes.« Er winkt uns zu. »Hintern hoch und uns nach.« Er marschiert los mit Celia an der Hand, die zieht ihr Krokodil an der Schnauze hinter sich her und wir marschieren natürlich mit. Ziemlich erleichtert, der Streit ist vorbei, jetzt gibt's Eis, prima, und ich trage seine Turnschuhe. Die hat er doch glatt am Teich vergessen.

Auf dem Weg zur Eisbude erzählt er gleich weiter und wir drängeln näher, besonders Lisa, damit wir auch alles mitkriegen.

»Wassereis! Noch immer nicht auf der Erde, sondern im Universum! Wie Lucas ganz richtig gesagt hat, im Weltall ist es so kalt, dass das Wasser da immer gefroren ist. Immer! Im Universum schwirrt aber auch noch Gas herum, wisst ihr schon, nicht wahr? Da bildete sich eine Gaswolke und da wurden die Wassereis-Staubteilchen hineingezogen durch die...«

»Gravitation, die Schwerkraft!«, ruft Lisa und kriegt vom Prof ein »Daumen hoch«.

»Die Schwerkraft hat all das Material aus dem Universum zusammengezogen, und das Material war eben…«

»Gas und Staubteilchen mit dem Wassereis drin!«, rufe ich, ehe Lisa es rufen kann.

Und jetzt kriege ich vom Prof ein »Daumen hoch«!

»Und dann, ihr schlauen Kinder, wurde diese Gaswolke immer dichter und dichter…«

»Weil so viel drin war«, japst Tim.

Der Prof rennt schnell, so schnell, wie er redet.

»Daumen hoch« für Tim!

»Und dann ist die Gaswolke an einer Stelle unter ihrem eigenen Gewicht zusammengebrochen. Zu viel drin! Weil, wo's immer dichter und dichter wird, wird's auch immer heißer und heißer. Und aus der Gaswolke wurde eine zusammengepresste Gaswolke.« Der Prof bleibt stehen und greift nach Celias Krokodil. »Ungefähr so!«

Was macht er denn jetzt? Er wird doch hoffentlich nicht dieses Gummimonster als vollgestopfte Gaswolke zusammenpressen wollen? Dann geht das doch kaputt wie die Gaswolke, das hat er doch grad erzählt! Zum Glück kreischt Celia und klammert sich am Krokodil fest. Da merkt der Prof aber schon selber, das ist kein gutes Beispiel, wenn dann ein Kind weinen muss.

Das Krokodil ist gerettet und weiter geht's im Trab hin zur Eisbude und mit dem Bericht vom Prof.

»Und dann, Freunde, ist bei dieser superheißen Verdichtung in der zusammengepressten Gaswolke das Wasser drin leider wieder kaputtgegangen. Schon wieder kein Wasser für die Erde!«

Er dreht sich zu uns um. »Sagt mal, dauert's euch zu lang?« Tim schwitzt und schnauft, aber unter seiner Kappe strahlen seine Augen: »Neee, ich kann die Eisbude schon sehen!«

Da müssen wir alle lachen, sogar Lisa, und am lautesten lacht der Prof. Und mit unseren Eisbechern, dick vollgefüllt wie die Gaswolke, bloß viel kälter und viel leckerer, hocken wir uns wieder an den Teich. Löffeln Eis und lassen die Füße im Wasser baumeln. Das tut gut. Oben im Mund und unten an den Füßen.

»Herrlich!«, strahlt der Prof und leckt sich die Lippen. »Uns geht's hier auf der Erde doch wirklich prima, oder? Und weil's uns so prima geht und ihr jetzt alle zufrieden seid, was mich freut, geht's weiter mit einem kleinen Schlenker.« Dabei schlenkert er mit den Füßen im Wasser herum. »Der ist aber nur kurz und gar nicht schwierig, versprochen. Also, da, wo es dichter und immer dichter und heißer und immer heißer im Universum wurde, da ist auch unsere Sonne entstanden. Und in der Umgebung vom Heißen und Dichten, da ist die Gasstaubscheibe entstanden, na, das wisst ihr ja schon. Oder? Na, wenn nicht, dann wisst ihr's jetzt.« Er kratzt in seinem Eisbecher herum. »In dieser Gasstaub-Wasser-Scheibe sind alle unsere Planeten entstanden. Aber alle Felsenplaneten, wie unsere Erde zum Beispiel, die sind wasserlos geboren worden. Nur als Beispiel: Die Venus und der Mars, die haben heute noch so gut wie nix. Kann ich euch diese rasche Information jetzt zumuten?«

»Klar!«, sagt Lisa, natürlich Lisa! »Ich schreib's dann auf!«

Tim nickt eifrig, ganz ohne zu schnaufen. »Ich merk's mir und erzähl's meinem Papa. Kann ich noch ein Eis haben?«

Mensch, Tim! Ist doch peinlich! Aber der Prof lacht: »Kannst du, mein Sohn. Noch mal 'ne Runde Eis für uns alle, ja?« Tim stemmt sich sofort begeistert hoch und wird vom Prof gestoppt. »Unter einer Bedingung, Tim. Du erzählst mir, wie endlich tatsächlich das Wasser zu uns auf die Erde kam, du weißt es, ich bin sicher.«

»Ich nicht!«, sagt Lisa, aber leise. Immerhin, sie hat was kapiert. Besserwisser sind bei unserem Prof nicht gefragt. Tim kommt zurückgestapft, die Arme voller Eisbecher.

»Wir werden alle Bauchweh kriegen!«, grinst der Prof und

schleckt zufrieden los. Wir auch. Nur Celia nicht, die füttert jetzt ihr Krokodil.

»Also, Tim?« Der Prof schwingt seinen Eislöffel. »Wie kam das Wasser ausgerechnet zu uns auf die Erde?«

Tim schmatzt. Aber statt wieder auf den Kies zu plumpsen, steht er da, stopft sich Eis in den Mund, und zwischen der Schleckerei verkündet er, und zwar ohne zu brummeln: »Mein Papa hätte jetzt gesagt, ist doch ganz logisch! Das Wassereis steckt in der heißen Gaswolke. Dann ist ja die Gasstaubwolke kaputtgegangen, weil sie zu dick geworden ist, und wenn ihr jetzt kichert, dann kriegt ihr eins auf die Nase, aber feste! Dann sind die ganzen Staubteilchen mit dem Wasser drin rausgefallen, ins Universum rein. Und dann hat die Schwerkraft...«

»Die Gravitation!«, unterbricht Lisa. Sie kann's halt nicht lassen.

»Die Schwerkraft!«, sagt Tim stur und verschluckt sich, zu viel Eis im Mund. »Die hat die Staubteilchen mit dem Wasser drin auf die Erde geschmissen.«

»Angezogen, Tim, angezogen!«, verbessert Lisa sofort. »Gravitation zieht an!«

»Besserwisserin!«, murmelt Lucas.

Aber Lisa redet schon eifrig weiter, Eis klebt an ihrem Kinn. »Und es waren übrigens ja auch keine Staubteilchen mehr, die waren ja längst schon zu Felsbrocken geworden, stimmt's, Prof?«

»Stimmt! Prima Studenten habe ich hier!«, freut sich der Prof. »Tim, ich staune! Besser hätte ich es nicht erklären können. Großes Bravo! Und auch deine Schlussfolgerungen, Lisa, absolut perfekt. Darf ich?«

Vorsichtig wischt er das Eis von Lisas Kinn. Lisa wird rot. Vom Lob und, ich merke es genau, auch weil sie gekleckert hat. So was passiert doch unserer Lisa nicht. So was passiert doch bloß der Celia. Wo ist sie denn überhaupt? Oh nein!!! Was macht die denn da? Sie umklammert ihr Krokodil und ist dabei, raus auf den Teich zu paddeln.

»Windelzwerg!«, kreischt Lisa, aber da steht der Prof schon bis zu den Knien im Teich, erwischt den Schwanz vom Krokodil, und Krokodil, mit Celia drauf wird an Land gezogen. »Genau das habe ich befürchtet«, seufzt er und schlenkert seine klatschnassen Hosenbeine. »Kann mal jemand bitte das Kind abtrocknen und kann ich dann weitererzählen?«

Das Abtrocknen übernehme ich, Lisa wirft böse Blicke auf ihre Schwester und ich ziehe den Windelzwerg auf meinen Schoß, sicher ist sicher…

Unser Prof rennt schon wieder auf und ab, mit klatschnassen Hosenbeinen. »Wie Lisa schon sagte, es waren also die Felsbrocken mit gespeichertem Eis drin, die uns das Wasser auf die Erde gebracht haben. Das Wasser war natürlich sofort wieder gefroren, im Universum ist es ja eisekalt, das wissen wir ja schon. Astronomen, also solche Forscher wie ich, haben ausgerechnet, dass es viele – ungefähr vier Kilometer große – Brocken gebraucht hat, eben mit dem Eis drin, dass sie das Wasser auf die Erde transportieren konnten. Und wie? Na, Freunde, denkt mal an die Entstehung der Erde, ihr erinnert euch?«

Er schwingt die Fäuste. »Die Felsbrocken sind auf die Erde gedonnert, immer feste drauf. Wegen der Einschläge wurde das Wasser zunächst mal gasförmig. Weil Einschläge, ihr wisst es, so viel Hitze erzeugen. Los, Lucas, Tim, boxt doch mal eure Fäuste gegeneinander, aber boxt euch bloß nicht auf die Nase, dann krieg ich Ärger!«

Tim und Lucas boxen sofort los, Faust auf Faust, immer feste drauf. Aber sie boxen als Freunde, das sieht man gleich. Und sie hätten noch endlos so weitergeboxt, hätte der Prof sie nicht unterbrochen.

»Jetzt zeigt mal eure Fäuste her. Wurden die heiß?«

Vier Fäuste strecken sich dem Prof entgegen, und ich darf fühlen und Celia auch.

»Bisschen heiß und bisschen rot«, sage ich und »heile, heile Segen«, wispert Celia und pustet auf die Fäuste.

Der Prof lächelt. »Ja, ein Segen für unsere Erde waren diese

Einschläge der Felsbrocken wirklich, dieses Geboxe, Celia. Diese Einschläge wurden aber eben nicht nur so ein bisschen heiß wie bei Tim und Lucas, sondern superheiß. Und darum wurde das Wasser darin erst mal Wasserdampf.«

»Ich weiß, was das ist, das kenne ich nämlich von meiner Oma.« Lucas nuschelt los. »Wenn die nämlich in ihrem Wasserkessel Wasser kocht für ihren Kaffee, 'ne Kaffeemaschine mag sie nämlich nicht, dann steigt da aus der Tülle Dampf auf, den kann man sehen.«

»Der Dampf ist gasförmig!« Das war natürlich Lisa.

Der Prof nickt. »Aber weil unsere Erde so schwer ist, hat sie wunderbarerweise und zum Glück für uns alle den Wasserdampf festhalten können.«

»Durch die Schwerkraft!«, rufen wir alle, und nur Lisa, natürlich Lisa, flüstert: »Gravitation!«

»Das heißt also, der Wasserdampf konnte einfach nicht wieder weg«, sagt der Prof und setzt sich wieder zu uns hin. Seine Hosenbeine sind noch immer nass. »Der Wasserdampf, ihr Lieben, ist dann aber irgendwann wieder abgekühlt und dann...«, er wirft die Arme hoch, »dann, ich sag euch was, dann hat es angefangen zu regnen, aber wie! Es hat geschüttet! Ursprünglich, das muss ich noch sagen, war unsere Erde von einer undurchdringlichen Wolken-Atmosphäre umgeben. Von außen hat man die Oberfläche der Erde natürlich nicht sehen können, wie denn auch, nicht wahr? Wahrscheinlich war sie rot. So ähnlich, wie wir es heute auf der Venus, auch ein Felsenplanet, ihr erinnert euch, beobachten können. Aber die hat kein Wasser. Nix. Aber zurück zum Regen, der da runtergeplatscht kam.«

»Regen mag mein Papa nicht«, brummelt Tim. »Weil er dann nicht joggen kann. Da wird er sauer.«

»Schönen Gruß an deinen Papa, Tim«, lacht der Prof. »Hätte es deinen Papa damals schon auf der Erde gegeben, dann hätte er 40 000 Jahre nicht joggen gehen können. So lange hat es nämlich auf unserer Erde geschüttet wie aus Eimern. Könnt ihr euch das vorstellen?«

Neee, können wir nicht. Aber Tim grinst zufrieden. Das wird er bestimmt heute seinem Papa erzählen, der wird nie mehr sauer sein, wenn er mal einen Tag lang nicht joggen kann …

Unser Prof breitet die Arme weit aus, als ob er den ganzen prasselnden Regen auffangen will, der jetzt aber gar nicht regnet, zum Glück.

»So also, meine Freunde, ist dieses wunderbare, lebenswichtige Wasser auf die Erde gekommen. Natürlich nicht sofort. Weil auf der heißen Erdoberfläche der Regen verdampfte, zum Glück aber nicht alles, aber doch vieles. Und durch diese Verdampfung bildeten sich Wolken.« Er zeigt hoch zum Himmel über dem Park. Da ziehen dicke, weiße Wolken.

»Himmelsschäfchen«, flüstert Celia auf meinem Schoß und starrt andächtig in den Himmel.

»Wolken sind kondensiertes Wasser, du Schaf!«, ruft Lisa und schwenkt ihr Heft. »Das kondensierte Wasser da oben in den Wolken fällt wieder runter auf die Erde. Das nennt man...« Sie blättert im Heft und liest: »Das nennt man den großen Wasserkreislauf.«

»Himmelsschäfchen!«, kreischt Celia.

Aber Lisa kreischt nicht zurück, sie verdreht bloß die Augen. Der Prof lächelt und setzt sich neben mich und Celia und krault dem Krokodil den Rücken.

»Liebe Kollegin Lisa, Sie sind ja bestens informiert. Bitte übernehmen Sie doch mal meinen Platz.«

Was denn, meint er das ernst? Lisa reißt die Augen auf, drückt ihr Heft an sich und dann flüstert sie was wirklich Tolles, nämlich: »Darf Tim mit mir auch Professor sein?«

»Aber bitte sehr!« Der Prof wedelt mit der Hand hin zu Tim. Der schnauft, aber dann stehen doch tatsächlich Tim und Lisa eng nebeneinander am Teichufer, beide mit knallroten Backen.

»Da hätte ich doch gleich eine Frage an die Professoren!« Der Prof streckt die Hand hoch wie in der Schule. »Was bitte ist denn kondensiertes Wasser da oben in den Wolken?«

Die beiden neuen Professoren schauen sich an. Tim zuckt

mit den Schultern. »Kondensiert ist so was wie Konserven-
dose. Da ist was drin. Ziemlich dick reingepackt, denke ich
mal. So wie Erbsen oder Ravioli oder so was.«

Ich muss lachen. Ach, Tim! Erbsen regnen doch nicht und
Ravioli auch nicht! Aber Professorin Lisa hebt streng die Hand:
»Bitte Ruhe! Mein Kollege liegt gar nicht so falsch! Konden-
siertes Wasser, würde ich sagen, ist verdicktes Wasser!«

»Verdichtetes Wasser!«, flüstert der Prof den beiden zu.

»Stimmt!«, nickt Lisa hoheitsvoll. »So muss es sein, vielen
Dank. Der Kandidat hat hundert Punkte.«

Der Prof kichert und jetzt reden die neuen Professoren beinahe gleichzeitig. Prof Lisa immer ein bisschen schneller als
Prof Tim.

Das Wasser auf der Erde verdampft, verdichtet sich zur
Wolke, schwebt hoch zum Himmel, was das Universum ist, die
Wolke platzt und schon kommt das Wasser als Regen zurück
auf die Erde geplatscht. Das ist der große Wasserkreislauf,
logisch. Unsere Erde braucht das Wasser, damit Pflanzen und
Tiere und wir leben können. Und damit ist unsere Erde perfekt geworden. Ja, so ist das! Prof Tim und Prof Lisa klatschen
stolz Hand gegen Hand. So was hab ich bei den beiden noch
nie gesehen …

»Liebe Kollegen, es fehlt noch was!«, sagt der Prof und
greift nach Celia. Die ist schon wieder dabei, in den Teich zu

marschieren. »Reines Wasser macht unsere Erde noch nicht fruchtbar!«

»Logisch!«, brummelt Prof Tim und zupft an seiner Mütze. »Beim Regnen hat der Regen doch noch so anderes Zeug aus dem Universum mitgenommen, muss er ja wohl, hätte mein Papa gesagt. Weil da noch so anderes Zeugs da rumgeschwirrt ist, das haben Sie gesagt!«

»Atome!«, ruft Prof Lisa scharf. »Kollege Tim, das sind Atome. Kein Zeugs.« Sie blättert rasch in ihrem Heft. »Sauerstoff, Wasserstoff, Helium, Kohlendioxid...« Dann weiß sie nicht mehr weiter, flüstert nur noch: »Und halt noch mehr so... Zeugs!«

»Müssen wir die jetzt alle auswendig lernen?« Tim runzelt die Stirn.

»Müsst ihr nicht.« Unser Prof winkt ab. »Wissen müsst ihr nur, dass diese nützlichen und auch nicht so nützlichen Atome mit dem Regen auf die Erde geschwemmt, da abgelagert wurden, in die Felsen gesickert sind und ins Wasser, das auf der Erde geblieben war als Meere und als Flüsse.«

Jetzt ist unser Prof doch wieder zum richtigen Prof geworden, oder? Nein, doch nicht. Er streckt nämlich wieder die Hand hoch und fragt: »Was bitte ist eine Atmosphäre? Wir haben doch gehört, dass rund um die Erde eine Atmosphäre ist. Oder habe ich mich verhört?«

Ja, hat er, von Atmosphäre hat er noch nichts erzählt! Oder hab ich das schon vergessen?

Aber eine schwere Frage ist das auf jeden Fall, Mensch, Prof. Das können die neuen Professoren doch noch gar nicht wissen. Tim aber doch!

»Atmosphäre ist das, was bei uns in der Küche ist, wenn ich zu viel Pommes gegessen habe. Dann motzt mein Papa mit mir und mit meiner Mama auch. Weil sie mir keinen Apfel geschält hat. Dann ist die Atmosphäre bei uns in der Küche dick wie ein Kissen. Wenn ich aber statt Pommes einen Apfel gegessen habe, dann ist die Atmosphäre dünn wie ein Tempo-Taschentuch. Dann kann ich gut atmen.«

Also, das hat er richtig schön gesagt, finde ich, aber Lisa runzelt die Stirn. »Die Erde ist doch keine Küche, wo so eine miese Stimmung rumhängt wie bei euch. Wenn du nämlich gleich den Apfel essen würdest, dann wäre eure Atmosphäre auch gleich anders. Daraus kannst du doch schließen, dass du die Atmosphäre selber bestimmen kannst. Die Erde aber doch nicht!«

Jetzt mischt sich plötzlich Lucas ein: »Die Erde interessiert sich nämlich nicht für Äpfel und Pommes!«, zischelt er und gleich kriegt er von Lisa ein heftiges »Blödmann!« um die Ohren.

Sie wedelt mit ihrem Heft. »Aber sicher tut sie das. Sie pro-

duziert sie nämlich mit dem Regen und den wichtigen Atomen drin, die da mitgeregnet sind. Haste das vergessen?«

»Und wo ist hier ein Pommes-Strauch?«, nuschelt Lucas. »Zeig ihn mir und schmatz, schmatz, gleich bin ich da!«

»Bist du nur blöd oder was?«, zischt Lisa zurück. »Nichts haste kapiert!«

»Besserwisserin!«, nuschelt Lucas zurück.

»Aber wenn mein Papa sagt, die Atmosphäre bei uns ist mies und er geht lieber joggen? Hat er dann was Falsches gesagt?« Tim brummelt ziemlich beleidigt. »Das möchte ich aber jetzt wissen, sonst geh ich lieber gleich!«

Gibt's jetzt etwa wieder Streit? Dann erfahren wir ja nie, was eine Atmosphäre ist!

Aber da springt der Prof auf, wedelt mit den Armen und ruft: »Ende der Diskussion, Freunde! Tims Papa hat natürlich recht, natürlich sagen wir oft, dass die Atmosphäre bei uns grad mies ist oder prima. Aber für Atmosphäre hätte Tims Papa auch ein anderes Wort benutzen können.«

»Stimmung!«, rufe ich und kriege sofort ein »Daumen hoch« vom Prof. Die anderen nicht, da seht ihr's mal!

»Aber eine Stimmung, meine gute Ida, umhüllt nicht unsere Erde, sondern eben die Atmosphäre ist es, und die besteht nicht aus Streiterei oder Spaß, sondern das ist eine aus Gas bestehende Hülle, rund um die Erde, und auch um einige andere Planeten. Aber, wie schon gesagt, davon später. Also, diese Hülle wird auch als Lufthülle bezeichnet, und dadurch, dass durch den Regen zum Beispiel das Kohlendioxid zum Teil ausgewaschen wurde, ist es in der Lufthülle, der Erdatmosphäre, hängen geblieben. Und darum haben wir hier zum Glück nicht so einen starken Treibhauseffekt wie zum Beispiel auf der Venus. Da hat's nämlich nie geregnet, nie! Da herrscht eine Riesenhitze, pfui Teufel. 450 Grad ist es da heiß. Nix kann da leben, gar nix.«

»Aber Treibhauseffekt ist was Gefährliches!«, zischelt Lucas. »Das weiß ich, weil alle davon reden, meine Eltern und das Fernsehen und so.«

»Sie haben recht, wenn sie davon reden, Lucas«, sagt der Prof ziemlich ernst. »Aber nur, wenn der Treibhauseffekt zu stark wird, wird er für uns gefährlich, musst du wissen. Wenn wir nämlich zu viel Stoffe, also Atome, in die Luft pusten, die unserer schützenden Atmosphäre schaden können. Leuchtet dir das ein, Lucas?«

Sofort mischt sich Lisa ein, ehe Lucas nicken kann. Sie ist zwar jetzt keine Professorin mehr, das hat sie schon begriffen, aber den Mund halten kann sie trotzdem nicht.

»Logisch! Autoabgase sind schädlich und Haarspray und so Zeug und ...« Und dann weiß sie nicht mehr weiter und blättert heftig in ihrem Heft und findet nichts.

».Jedenfalls könnte man doch sagen, davon kriegt die schützende Atmosphäre um die Erde rum Löcher, und ich denke mal, das ist nicht gut«, sagt sie noch und seufzt. »Mehr weiß ich leider nicht.«

Der Prof zupft an seinen nassen Hosenbeinen. »Musst du auch nicht, Lisa. Es sind auch noch andere Stoffe, die da stören, aber mit denen will ich euch jetzt nicht langweilen. Für heute sind eure Köpfe voll, nehme ich an. Lasst mich nur kurz den Treibhauseffekt erklären, schafft ihr das noch?«

Wir nicken alle, nur Celia nicht. Die ist eifrig dabei, die Turnschuhe vom Prof mit Steinchen zu füllen, ich hab's ja geahnt. Keiner merkt's, nur ich... Der Prof natürlich auch nicht. Er erzählt.

»Treibhauseffekt, Freunde, heißt nämlich: Die Sonne erhitzt mit ihrer Strahlung die Planeten, also auch unsere Erde. Logisch. Die Planeten werden warm und strahlen deshalb. Diese Wärmestrahlung geht fast ganz ins Universum zurück. Aber das Kohlendioxid verschluckt einen Teil dieser Wärmestrahlung, und deshalb bleibt ein bisschen Wärme in der Atmosphäre und sie heizt sich auf. So weit, so klar?«

Unser Nicken wartet er gar nicht ab, schon geht's weiter.

»Und deswegen, meine Lieben, wird's auf der Erde auch nicht so kalt oder so heiß wie ohne Atmosphäre. Hätte unsere gute Erde nämlich keine schützende Atmosphäre, dann hätten wir hier tatsächlich immer minus 18 Grad, und was, frage ich euch, würde da wohl mit uns allen passieren?«

»Mein Papa würde mir einen superwarmen Anorak kaufen«, brummelt Tim und zuckt zusammen, weil...

»Ha!«, schreit der Prof und klopft ihm auf die Kappe. »Das würde dir aber nicht viel nützen, mein Freund, denn du wärest längst...« Und plötzlich steht unser Prof stocksteif da, Arme starr in die Luft gestreckt, tut keinen Mucks. Ich bin richtig ein bisschen erschrocken. Was macht er denn da?

Gar nichts macht er. »Er ist erfroren, logisch!«, zischelt Lucas begeistert und wird sofort zu einem erfrorenen Lucas. Wie mitten in einem Boxkampf festgefroren, Fäuste stocksteif vorm Gesicht. Lisa und ich müssen kichern, das sieht zu blöd aus. Tim hockt da auf dem Kies wie festgefroren auf seinem dicken Po und gähnt, und wenn er jetzt nicht aufpasst, dann friert ihm das Gähnen fest im Gesicht, für immer und ewig... Bei Celia friert nix ein, die hüpft einen fröhlichen Hampelmann und freut sich über die vollgestopften Turnschuhe vom Prof.

»Und wer taut uns jetzt wieder auf?«, flüstert der Prof, noch immer steif und starr.

»Die Sonne natürlich!«, rufe ich sofort, und Lisa, natürlich Lisa, ruft noch lauter: »Die Atmosphäre, die uns schützt!«

»Na, Gott sei Dank!«, lacht der wiederaufgetaute Prof und schüttelt Arme und Beine. »Die Tatsache, Freunde, dass wir in unserer Erdatmosphäre Wasserdampf haben und ein bisschen Kohlendioxid, macht, dass wir hier eine wunderbar angenehme Temperatur genießen dürfen, so ungefähr sind's 15 Grad. Im Durchschnitt. Mal wärmer, klar, mal kälter. Damit kann man prächtig leben, und mit uns Pflanzen und Tiere.«

»Watschelenten!«, kreischt Celia, marschiert schon wieder los und wird sofort vom Prof eingefangen.

»Ja, Celia, auch die Watschelenten.« Der Prof wuschelt ihr liebevoll durch die Haare.

Celia strahlt und rupft an seinem nassen Hosenbein: »Singen!« Und schon kräht sie los: »Alle meine Entchen schwimmen auf dem See, schwimmen auf dem See ...«

Und was macht der Prof? Er singt mit, laut und fröhlich, Celia fest an der Hand, und wir anderen ... ja, wir singen auch das Babylied, sogar Tim. Weils irgendwie doch passt, oder? Hätten wir nämlich kein Wasser auf der Erde, gäb's auch keine Entchen mit Köpfchen im Wasser und Schwänzchen in der Höh. Und überhaupt gar nix. Das haben wir begriffen.

»Meinen Papa gäb's auch nicht«, murmelt Tim, sehr leise.

»Freunde, wir haben unheimlich viel Glück gehabt mit unserem perfekten Planeten im Universum, das könnt ihr mir glauben«, strahlt der Prof und schaut auf seine Uhr. »Wäre es nur ein bisschen anders gekommen, Felsbrocken woanders hingebummelt zum Beispiel, dann nix Watschelentchen, nix Celia, nix ich und ihr und Mama und Papa. Ja, ihr Lieben, und dieses Glück, hier sein zu dürfen, das wollen wir jetzt alle daheim genießen. Morgen treffen wir uns wieder, gut so? Aber erst, wenn's dämmrig wird, dann erzähle ich euch nämlich vom Mond. Bitte fragt eure Eltern, ob ihr dürft, ja? Und wer kümmert sich jetzt um meine kleine Freundin Celia?«

Na, wir alle natürlich, ist doch klar. Schließlich gehört dieser nervige Zwerg zum Glück dieser Erde, wie alles hier um uns herum.

Wir trotten los und ich glaube, wir freuen uns alle auf morgen, auf den Ausflug im Dunkeln. Der Prof winkt uns hinterher. »Eltern fragen nicht vergessen!« Wir winken zurück. Logisch, machen wir doch.

Lisa schleppt Celia huckepack und ich das Krokodil. Da hören wir plötzlich ein »Auuuua!«. Und ich muss kichern. Unser Prof hat seine Turnschuhe gefunden...

Die Steinchenstopferin Celia schlappt auf Lisas Rücken wie ein dicker Rucksack.

»Ich kann sie dir auch mal tragen, Lisa«, zischelt Lucas und streckt schon die Arme aus.

»Ich kann gut das Krokodil schleppen, Ida«, schnauft Tim. »Das schaffe ich leicht. Mein Papa hätte das auch gemacht.«

Ja, was ist denn jetzt los? Lisa und ich schauen uns an. Und zwinkern uns zu. Logisch! Das sagen die Jungs nur, weil uns der Prof erzählt hat, wie viel Glück wir haben, hier auf der Erde zu sein. Wo es Wasser gibt und es nicht zu kalt ist und nicht zu heiß. Wo alles leben darf, was leben will. Andere Planeten haben Pech gehabt, wir nicht! Da muss man sich doch freuen! Und zur Freude gehört's wohl auch, dass man freundlich zueinander ist, oder? Zumindest jetzt auf dem gemeinsamen Heimweg vom Teich nach Hause. Also kriegt Lucas Celia auf den Rücken gepackt, Tim schleppt das Gummimonster und

Lisa und ich marschieren hinterher und passen auf, dass Celia nicht runterfällt und das Krokodil gut heimkommt.

Wir schwätzen nicht, wir müssen denken, jeder von uns. Was wir gehört haben, was wir jetzt wissen... Und ich weiß genau, wenn ich heute Abend die Zähne putze und das Wasser sprudelt aus dem Wasserhahn, dann sehe ich's ganz anders sprudeln als früher. Nämlich wie ein Wasser, was uns geschenkt worden ist, und über Geschenke freut man sich doch auf jeden Fall!

3. Der dritte Treff im Stadtpark, aber diesmal am Abend

Der Prof erzählt uns nämlich was vom Mond

Heute sind wir alle zusammen hergekommen, weil, unseren Eltern ist das lieber so. Es ist nämlich schon beinah ein bisschen dunkel und da dürfen wir eigentlich nicht mehr alleine ohne Eltern weg. Heute aber schon, weil der Prof ja auf uns aufpasst, und sowieso hat uns der Papa von Tim hergefahren. Wir waren ziemlich zusammengestopft im Auto, das Heft von Lisa ist ganz zerknittert, aber im Dunkeln kann sie ja sowieso nichts aufschreiben! Aber dann wollte Tims Papa nicht wieder wegfahren, sondern dableiben. Er hat gemeint, diesen Wunder-Professor würde er gerne kennenlernen, weil Tim gestern zum Abendessen nur einen Apfel essen wollte und freiwillig geduscht hätte, lange sogar. Das sei noch nie passiert. Und erzählt hätte er auch ziemlich interessante Sachen, von Felsbrocken, die zufällig Wasser auf die Erde gedonnert wären, und so was.

»Aber dass er vorher zwei Becher Eis verputzt hat, davon hat er nichts erzählt«, hat Lisa mir zugeflüstert im Auto, wir haben losgekichert, auch Lucas mit Celia auf dem Schoß. Tim hat gegrunzt. Aber es war kein beleidigtes Grunzen. Ist ja klar, wenn er im Auto neben seinem Papa ausnahmsweise vorne sitzen darf, dann ist er ja sowieso zufrieden. Aber dabeibleiben, wenn der Prof uns heute Abend was vom Mond erzählt, das darf sein Papa nicht. Wir alle haben es ihm verboten, sogar Tim! Es ist ganz allein unser Prof, der erzählt nur uns Kindern was! Tims Papa hat es begriffen, aber er hat ganz genau geschaut, ob unser Prof auch schon da ist im dämmrigen Park. Er ist da! Er wartet schon auf uns! Wir stürmen los, nur Lucas stürmt weniger, er schleppt eine müde Celia.

»Schön, euch zu sehen!«, ruft der Prof, wieder in Jeans, Turnschuhen, aber heute hat er Socken an und einen Pulli.

»Seid ihr warm angezogen? Es kommt die Nacht, mit ihr der Mond, da wird's kühl.«

Na klar, sind wir! Ohne Pullis und Jacken lassen uns unsere Eltern am Abend doch nie aus dem Haus.

»Kommt, Freunde, wir setzen uns mal zusammen auf den Spielplatz, da sind wir jetzt ganz alleine«, sagt er und knöpft das Jäckchen von Celia Knopf für Knopf und mit gerunzelter Stirn zu. Dass er Jäckchen-Knöpfen nicht gewohnt ist, das seh ich gleich. Ich helfe ihm.

Wir hocken uns in der Dämmerung auf den Spielplatz, rund um den Sandkasten, ziemlich eng beieinander.

»So!«, sagt der Prof und Celia klettert auf seinen Schoß. Na ja, musste ja so kommen... »Und jetzt erzählt ihr mir einfach mal, was ihr vom Mond alles wisst. Der Mond ist ja heute unser Thema, zwar ist er noch nicht da, aber ich hoffe, dass er bald kommt.«

Lisa, natürlich Lisa, fängt gleich an, aber wir anderen plappern gleich mit, es ist ein Durcheinander: Vollmond! – Halbmond, sieht aus wie eine Sichel. – Wenn Vollmond ist, heulen die Wölfe! – Mit dem Teleskop kann man auf dem Mond Kratzer sehen! – Neee, das sind doch Krater, Blödmann! – Auf dem Mond sind Astronauten gelandet, die haben da eine Fahne reingesteckt. – Der Mond ist manchmal weiß und manchmal rot. – Der Mond ist ein Satellit!

Na, und von wem das mit dem Satellit kommt, das ist wohl klar! Lisa kramt in ihrem zerknitterten Heft.

»Daumen hoch für euch alle!«, lächelt der Prof und reckt die Hand. »Kann mir mal einer den Zwerg hier abnehmen?«

Celia hopst auf seinem Schoß herum und kräht: »Mond hat die schönsten Schäfchen!«

»Bist selber eins, Windelzwerg«, ruft Lisa, aber gar nicht so bös' wie sonst. »Ab mit dir in den Sandkasten!«

Celia wird in den Sandkasten gesetzt, da fängt sie sofort an, begeistert Löcher zu graben, mit Sand zu schmeißen und der Prof kann weitererzählen.

»Der Mond, Lisa, du hast recht, ist tatsächlich ein Satellit, oder man sagt auch: ein Trabant. Im Althochdeutschen, das ist eine deutsche Sprache, die man vor urlanger Zeit gesprochen hat, da nannte man den Mond nicht Mond, sondern Mano, klingt doch schön, oder? Mano hat damals bedeutet: Wanderer am Himmel. Und genau das ist unser Mond, ein Wanderer am Himmel. Und, ihr Lieben, was schließen wir daraus?«

»Der Mond wandert«, murmelt Tim. »Das hätte mein Papa jetzt auch gesagt. Der wandert nämlich auch gerne, ich aber nicht.«

»Täte dir aber mal ganz gut«, sagt Lisa und stupst ihn in den Bauch. Sie kann's halt nicht lassen. Aber bevor es wieder Streit geben kann, nuschelt Lucas und zupft an seiner Zahnspange: »Ich schließe daraus, dass Satelliten, Trabanten meinetwegen, sich bewegen. Die wetzen im Universum herum.«

»Könnte man so sagen, Lucas«, grinst der Prof und putzt seine Brille, da klebt Sand. »Der Mond dreht sich ein Mal um seine eigene Achse, also um sich selbst herum, während er sich ein Mal um unsere Erde dreht.«

Der Mond wandert also um die Erde rum, das ist schön. Aber noch schöner wäre es, wenn wir jetzt zusammen mit dem Prof den Mond anschauen könnten. Wo bleibt er denn? Ich schaue hoch, da sind nur schwarze Baumwipfel und dunkle Wolken. Der Prof ist da, der Mond aber nicht. Da fällt mir ein, was mir meine Uroma immer vorgesungen hat. Ich summe es leise vor mich hin: »Der Mond ist aufgegangen, die gold'nen Sternlein prangen am Himmel hell und klar…« Da geht aber nix auf und da prangt auch nix…

»Mensch, Ida, biste eingeschlafen oder was?« Lucas stupst mich an. »Es geht weiter!«

Ach je, hab ich jetzt was verpasst?

»Kannste wohl sagen!«, zischelt Lucas, seine Zahnspange leuchtet dabei in der Dämmerung wie Glühwürmchen.

»Der Prof hat grad erzählt, dass da noch mehr so Monde rummachen im Weltall, aber unser Mond, der war der erste. Der Kandidat hat hundert Punkte!«

Na, so hat das der Prof aber bestimmt nicht gesagt. Aber Lucas nuschelt schon eifrig weiter: »Der Mond ist unser Begleiter, also, von unserer Erde, meine ich. Kannst ihn aber auch Trabant nennen oder Satellit. Das ist dasselbe.« Das weiß ich doch schon! Aber Lucas zischelt schon weiter: »Ich finde ja Trabant schöner, weil Satellit klingt so wie Satelliten-schüssel, die für das Fernsehen, kennt ja jeder. Und die sind ja festgenagelt, die wandern nicht. Und der Zwerg hat Sand in die Schuhe vom Prof geschüttet, ich hab's gesehen!«

»Ich auch!«, mischt sich der Prof ein und schüttelt seine

Schuhe aus. »Aber das haben wir geklärt, stimmt's, Celia?«
Celia nickt. »Sand muss in Sack von Sandmännchen, nicht in
Schuh!«, verkündet sie stolz. »Sandmännchen kommt bald!«
»Sehr bald, Celia!« Der Prof nickt. »Aber ehe sich jetzt meine
Ida wegträumt in Richtung Mond, möchte ich sie was fragen.
Ida, was meinst du, sehen wir hier von der Erde aus immer
nur die eine Seite vom Mond oder auch die Rückseite?«

Ja, woher soll ich das wissen? Ich seh ja sowieso jetzt überhaupt keinen Mond.

»Schwere Frage, ich weiß, ist aber kinderleicht rauszukrie-
gen!«, ruft der Prof und springt auf. »Alle Mann hoch den Po
und schaut mir zu.« Er stellt sich hin, hält seine Hand mit der
Handfläche nach innen vor sein Gesicht und fängt an, sich
ganz langsam zu drehen. Ein bisschen wie ein Roboter, finde
ich. »Nachmachen!«, ruft er und dreht und dreht sich. »Ihr
seid die Erde und eure Hand ist der Mond! Und dann drehen,
langsam drehen und bloß nicht zappeln mit der Hand, die
bleibt, wo sie ist, vorm Gesicht, kapiert? Wir drehen uns um
unsere eigene Achse.«

Na klar, kapiert. Sofort drehen sich im Dämmerpark langsam fünf Kinder, eins davon im Sandkasten, und ein Prof,
Hände vorm Gesicht. Und wenn jetzt jemand vorbeikommt und
das sieht, der glaubt bestimmt, wir spinnen alle, und weiß gar
nicht, was wir jetzt alle wissen! Nämlich, logisch, wir sehen

nur eine Seite vom Mond, und zwar immer die gleiche! So einfach ist das!

»Lockert euch, kommt her zu mir!«, ruft der Prof. »Sonst kriegt ihr mir noch den Drehwurm. Ihr habt es verstanden, das war der Sinn der Sache. Wir können also von unserer Erde aus immer nur eine Seite des Mondes sehen. Punkt, Komma, Schluss und aus. Aber die Astronauten, ihr Lieben, die in ihrer Rakete den Mond umkreist haben, als erste Menschen über-

haupt, die haben auch die Rückseite des Mondes sehen können.«

»Logisch, würde mein Papa sagen«, brummelt Tim und
quetscht sich wieder auf die Bank. »Und ich würde mal sagen,
da hat's genauso ausgesehen wie vorne. Haben die was anderes erwartet?«

»Neee, Tim, haben sie eigentlich nicht«, grinst der Prof.
»Aber meinst du nicht auch, dass es aufregend ist, etwas

genau zu überprüfen? Auch, wenn man schon etwas vermutet?«

»Neee«, grummelt Tim. »Zu anstrengend. Ich frag lieber meinen Papa.«

»Da tust du gut dran, mein Sohn.« Im Dämmerlicht kann ich den Prof lächeln sehen. »Aber auch Papas wissen nicht immer alles.«

Also, geht das jetzt so weiter? Tim und der Prof, Prof und der Tim? Und eine Celia im Sandkasten, die rumhüpft wie angestochen und Mond-und-Erde-Tänze tanzt? Na, soll sie hüpfen, Hauptsache, sie hüpft nicht schon wieder auf den Schoß von meinem Prof...

Ich hocke mich sofort neben ihn, Lisa und Lucas auch, jetzt wird's eng auf der Bank. Aber der Prof hat begriffen, wir sind auch noch da, und erzählt weiter, aber ziemlich leise. Im Dämmrigen wird man einfach nicht so laut.

»Unser Mond, unser Wanderer am Himmel, dreht sich also genau ein Mal um die Erde, wenn er sich ein Mal um die eigene Achse gedreht hat. Wir nennen das eine synchrone Drehung, und synchron bedeutet ...«

»Da passiert was gleichzeitig!«, brummelt Tim, schon wieder Tim, und würden wir jetzt nicht so eng gequetscht sitzen, dann hätten wir uns jetzt bestimmt alle zu Tim hingedreht. Woher weiß er denn so was?

»Wenn was gleichzeitig passiert, also, ich ess eine Pommes und Lucas steckt sich ganz genau dann, wenn ich mir eine Pommes in den Mund stecke, auch eine Pommes in den Mund, dann ist das gleichzeitig. Dann ist das synchron!«

Wir staunen, sogar Lisa, auch wenn sie schnauft.

»So ist das mit der Erde und dem Mond. Denke ich mal«, brummelt er und kippt bald runter mit seinem dicken Po. »Die drehen sich gleichzeitig!«

»Der Kandidat hat hundert Punkte«, nuschelt Lucas und zieht Tim zurück auf die Bank.

»Aber wie ist der Mond denn dahin gekommen, wo er jetzt ist?«, frage ich. »Also, jetzt ist er ja nicht da, aber wenn er da ist!«

»Gute Frage, meine liebe Ida!«, lobt mich der Prof und zum Glück kann er nicht sehen, dass ich rot geworden bin...

»Ja, wie ist denn unser Mond überhaupt entstanden? Er besteht aus Felsen wie unsere Erde. Denk doch mal dran, wie unsere Erde entstanden ist.«

»Durch Felsbrocken, die miteinander verschmolzen sind!«, sagt Lisa, ehe ich was sagen kann. »So war's wohl auch beim Mond, das wäre logisch!«

»Das wäre es, Lisa«, sagt der Prof. »Leider stimmt's nicht so ganz. Es war nämlich viel spannender. Da hat nämlich ein riesiger, und damit meine ich ein ungeheuer riesiger Felsbrocken, wir Forscher nennen ihn den Impaktor, aus dem Universum kommend die Erde gestreift. Ist zum Glück nicht voll draufgedonnert, hat sie eben nur gestreift. Und dabei hat er Erdbrocken hochgeschleudert, zurück ins Weltall, viele natürlich...«

»Und die haben sich natürlich zusammengetan, immer mehr und immer mehr, und so ist der Mond entstanden, vermutlich wäre das logisch«, erklärt Lisa ernsthaft. Aber dann quietscht sie plötzlich begeistert, fast wie ihr Schwesterchen, und zeigt nach oben: »Da ist er ja!«

Wir alle schauen hoch. Wirklich, da oben im dunklen Himmel hängt der Mond! Kugelrund und weiß und mit Kratzern drauf! Wunderschön! Und wir hören nur noch mit einem Ohr zu, wie der Prof erklärt, dass der Impaktor von der Erde zerrieben worden sei und somit Teile von ihm ins Erdinnere gedrungen seien. Seine Energie würde auch heute noch im Erdkern stecken und deshalb sei er auch so heiß und es brodele da noch immer und das sei gut so für uns zum Leben. Wir bestaunen den Mond! Den sehen wir ja oft, aber heute ganz anders.

Warum ist er eigentlich so fleckig?

»Der muss was abgekriegt haben, auf die Nase«, brummelt Tim. »Wenn Lucas mich boxt, hab ich auch 'ne fleckige Backe.«

»Glaub ich dir sofort, Tim«, grinst der Prof. »Dem Mond ist

es ergangen wie dir und auch heute noch hat er das Pech. Bloß boxt da nicht unser Lucas, sondern...«

Lucas unterbricht sofort und sein Zahnspangengrinsen schimmert jetzt im Mondlicht: »Wie groß müsste ich denn sein, um zack bumm den Mond zu boxen?«

»Ha!«, ruft der Prof und lacht. »380 000 Kilometer lang müsstest du sein, um da draufzuboxen. Da kann ich ja nur kichern.«

Lucas kichert auch. »War ja auch bloß 'ne Frage.«

»Aber eine wichtige!« Lisa schreibt die Zahl schnell in ihr Heft. Ob sie die morgen noch lesen kann?

»Aber meine Frage an euch ist jetzt: Wer hat den Mond geboxt und boxt ihn noch?«, fragt der Prof und zeigt nach oben. »Unser Lucas kann's ja nicht gewesen sein.«

Felsbrocken waren es, das ist doch klar. Die donnern da drauf auf den Mond, der kriegt Löcher und aus den Löchern quillt was raus wie bei den Vulkanen. Nämlich Lava. Das erstarrt und sieht von uns aus gesehen wie schwarze Flecken auf dem Mond aus. Und wer hat das jetzt gewusst? Die kluge Lisa? Nein, ich!!!

Warum, weiß ich eigentlich auch nicht so genau. Vielleicht, weil ich im Dunkeln besser denken kann und mich erinnern, an meine liebe Uroma zum Beispiel oder an das, was unser Prof uns schon erzählt hat. Der Prof springt auf und ruft begeistert:

»Ida kriegt zweihundert Punkte. Genauso war's und ist es hin und wieder noch. Felsbrockeneinschläge auf den Mond, zack bumm, Krater drin, Magma fließt raus, erstarrt, wir sehen das als Flecken. Ida, ich danke dir!«

Und wer wird jetzt knallrot und ist froh, dass mein Prof das nicht sehen kann im Dunkeln? Ich natürlich.

Jetzt rennt er wieder auf und ab, voll in Fahrt. Wenn er jetzt nicht aufpasst, tritt er uns auf die Füße und auch auf Celia im Sandkasten. Die hockt da als dunkles Häufchen und schnauft vor sich hin. Ist sie etwa endlich eingeschlafen?

Aber der Prof passt auf und erzählt: »Ich habe euch ja schon gesagt, dass viele andere Planeten auch Monde haben, aber der Mond unserer Erde ist einer der größten Monde im Sonnensystem. So ein Riesenmond steht uns eigentlich gar nicht zu, aber wie gut, dass wir ihn haben. Seien wir froh! Er hält nämlich durch seine Umrundung der Erde unsere Erdachse stabil, also im Gleichgewicht. Denn ohne ihn käme unsere Erde tatsächlich ins Trudeln, die würde nämlich grässlich wackeln, und was das bedeuten würde, Freunde, ich kann nur sagen: Katastrophe!«

Warum denn? Ich glaube, wir sind jetzt alle ein bisschen erschrocken. Er merkt es nicht, kann's ja auch nicht sehen.

»Weil es zum Beispiel in Afrika viel zu kalt werden würde und bei uns in Europa viel zu heiß, und warum wohl?«

Lisa ist hellwach im Gegensatz zu ihrem Schwesterchen: »Weil, wenn die Erde in Afrika zu weit wegwackelt von der Sonne, dann erfriert ja alles. Und wenn die Erde in Europa zu nahe an die Sonne heranwackelt, verbrennt ja alles. Ist doch logisch!«

»So ist es, Lisa«, sagt der Prof und quetscht sich wieder zwischen uns auf die Bank. Zum Glück neben mich…

»Der Mond entfernt sich jedes Jahr von der Erde weg, um vier Zentimeter, müsst ihr wissen. Das haben Astronomen ausgerechnet. Er kriegt nämlich Energie von der Erde.

Die Erde dreht sich immer langsamer, ich sage euch gleich, warum, und die überschüssige Energie kriegt der Mond. Davon wird er schneller und kann Stück für Stück ein wenig von der Erde wegrücken. Man kann ausrechnen, dass in vielen Milliarden Jahren unsere Erde ins Wackeln kommen wird, weil eben unser Mond sich entfernt. Er kann sie also nicht mehr stabil halten, und das heißt dann leider...«

»Dann kann hier nichts mehr leben auf der Erde«, flüstert Tim am Ende der Bank und hält seinen Rucksack fest umklammert. »Und meinen Papa gibt's dann auch nicht mehr.«

»Mensch, Tim«, flüstert Lisa ihm zu, ausgerechnet Lisa! »Bis dahin ist es doch noch urlange hin. Und vielleicht kommt der Mond ja auch vorher schon wieder zurück, könnte doch sein, oder?«

»Ach, meine Lieben! Nun macht euch doch mal darum keine Sorgen.« Der Prof breitet seine Arme weit aus und versucht uns alle zu umarmen. Geht aber nicht, wir sind zu viele, seine Arme reichen bloß für Lisa und mich...

»Dass der Mond zurückkommen könnte, ist höchst unwahrscheinlich. Aber so viele Millionen Jahre können wir uns auch gar nicht vorstellen, ich jedenfalls nicht. Und ihr könnt sicher sein, dass ihr und dann eure Kinder und eure Enkel und Urenkel und Ururenkel und so weiter und so fort eben Milliarden Jahre auf unserem Planeten leben dürft. Seid ihr jetzt beruhigt?«

Doch, das sind wir. Wenn er das sagt und uns dabei so festhält, dann ist das doch sowieso wie ein Versprechen.

»Aber ich mache mir jetzt Sorgen, und zwar um unsere Celia!« Er beugt sich vor und seine Arme sind wieder bei ihm, nicht mehr um Lisa und mich. »Ich kann den Zwerg nämlich nicht mehr sehen! Ihr vielleicht?«

Neee, tatsächlich, wir auch nicht! Grad war sie doch noch im Sandkasten.

»Windelzwerg, komm her, sofort!«, schreit Lisa in die Dunkelheit.

Der Mond leuchtet zwar, aber eine Celia beleuchtet er nicht.

»Alle Mann suchen!«, ruft der Prof aufgeregt und da… kriegt er eine Ladung Sand auf den haarlosen Kopf gestreut und wir anderen kriegen auch was ab. So was! Da ist doch dieser Zwerg einfach hinter uns auf die Bank geklettert, keiner hat's gemerkt, verstreut händchenweise Sand und quietscht fröhlich: »Ich bin Sandmännchen! Sandmännchen streut Sand in Äuglein! Dann gehen Kinder ins Traumland!«

»Ich würde mir wünschen, da wärst du schon!«, schreit Lisa, aber dann muss sie doch lachen, wie wir alle. Wir putzen Sand von Kopf und Armen und der Prof lacht am lautesten und sehr erleichtert. Und wer zieht jetzt Sandmännchen Celia auf seinen Schoß und hält sie fest? Lisa, tatsächlich Lisa. Celia kuschelt sich sofort an ihre Schwester, Daumen im Mund. Und Sandmännchen hat wohl auch Sand in ihre Äuglein gestreut, die klappen nämlich zu. Ab jetzt wird geflüstert, ist doch klar.

Lucas flüstert zischelnd als Erster los: »Wir müssen uns keine Sorgen machen, weil der Mond immer weiter abhaut, weiß ich jetzt. Aber kann er auch noch was anderes machen, außer da oben rumzuhängen?«

»Kann er!«, flüstert der Prof zurück. »Ich wollte euch doch noch erzählen, warum die Erde sich immer langsamer dreht. Schuld daran ist der Mond, er beeinflusst nämlich Ebbe und Flut. Das heißt, das Wasser im Meer schwappt in einem bestimmten Rhythmus weg und schwappt dann wieder zurück. Wegschwappen heißt Ebbe, zurück an Land schwappen heißt Flut. Prima beobachten kann man das an der Nordsee bei uns. Da verschwindet alle sechs Stunden das Wasser vom Strand und kommt dann wieder. Und wie kommt das? Der Mond zieht mit seiner Schwerkraft an der Erde, dadurch ist die Erde langsamer in ihrer Drehung geworden, das Wasser schwappt weg.«

»Und dann zieht die Erde wieder am Mond, dreht sich schneller und das Wasser schwabbelt wieder zurück«, murmelt Tim am Ende der Bank. Er muss nicht flüstern, er brummelt ja meistens sowieso.

»Aber wissen will ich doch, warum der Mond eigentlich nicht auf die Erde fällt. Weil, der sieht doch immer so aus, also, wenn er dick ist, dass er gleich runterplatschen könnte.«

»Kann er doch nicht, Tim!«, flüstert Lisa und ruckelt Celia auf ihrem Schoß zurecht. »Denk doch mal nach! Das hängt doch ganz bestimmt mit der Gravitation zusammen, stimmt's, Prof?«

»Stimmt, Lisa!«, wispert der Prof. »Soll ich dir den Zwerg mal abnehmen, wird sie dir zu schwer?«

Aber Lisa schüttelt den Kopf. Das ist neu … wahrscheinlich

liegt's am sanften Mondlicht, wir sehen jetzt alle ein bisschen silbrig aus.

»Es ist so, dass der Mond die gleiche Kraft ausübt wie die Erde. Sie zieht an, der Mond aber auch. Das sieht so aus, als würden sie aufeinander knallen, aber, das kann ich dir versichern, Tim, sie treffen sich nie. Nie! Beide drehen sich umeinander!«

Der Prof springt auf, setzt sich aber gleich wieder hin. Er ist zu laut geworden, er hat es selber gemerkt. Celias Daumen ist aus ihrem Mund geflutscht.

»Also, keine Sorge, Freunde, der Mond fällt nicht auf die Erde.« Jetzt flüstert er wieder. »Aber wissen müsst ihr noch, dass der Mond keine schützende Atmosphäre um sich herum hat. Da hat er Pech gehabt. Er hat kein Wasser, er ist ein reiner Staubbrocken. Keinen Regen, keinen Wind. Ja, und deshalb sind die Fußstapfen der ersten Astronauten, die auf dem Mond gelandet sind und dort herumspaziert, die sind auch heute noch sichtbar, kein Regen hat sie weggewaschen, kein Wind weggeblasen! Und sehr wahrscheinlich wird man sie bis in alle Ewigkeit dort sehen können. Stellt euch das doch mal vor, ist das nicht unglaublich?« Der Prof zeigt mit beiden Armen hoch zum Mond und wird wieder laut vor lauter Begeisterung, das merke ich schon. Wie hat er das gestern so lustig genannt? Der Gaul geht mit ihm durch...

»Fußabdrücke von Menschen auf dem Mond, festgeschrieben in den Mondstaub, praktisch für immer! Ist das nicht unglaublich, dass die Mondlandung gelungen ist? Das war 1969, für euch praktisch im Mittelalter, ich weiß, da ist es gelungen, dass drei Amerikaner von unserem Planeten mit einer Rakete zu einem anderen Himmelskörper geflogen sind und da auch gelandet sind, und zwei von ihnen sind auf dem Mond rumspaziert!!! Ein Triumph der Wissenschaft, der Forschung! Fantastisch!!!«

Jetzt ist der Gaul mit dem Prof drauf aber zu laut galoppiert, ich hab's geahnt. Celia ist aufgewacht und wimmert leise Jammerlaute in den Bauch ihrer Schwester. Die Jammerlaute werden immer lauter...

»Ach du liebe Zeit«, seufzt der Prof und kratzt sich am Bart. »Lisa, verzeih... Gib sie mal her.« Und tatsächlich, sofort kuschelt sich Celia in seine Arme. »Celia, jetzt erzähle ich dir was, nur für dich, und deine Freunde und deine Schwester dürfen zuhören, ja?«

Celia nickt und steckt den Daumen in den Mund. Ein gutes Zeichen...

»Also, meine Kleine, die zwei Astronauten da oben auf dem Mond, die haben eine Fahne in den Boden gesteckt, eine amerikanische Fahne natürlich, denn sie waren ja Amerikaner. Und diese Fahne steckt da oben im Mond noch immer, ist das nicht toll? Sie flattert nicht, weil es ja keinen Wind gibt auf dem Mond, deine Freunde wissen das schon. Und dann, Celia-Kind, haben die Astronauten auf dem Mond noch was Wichtiges gemacht. Deine Schwester weiß das bestimmt, da sind wir beide uns sicher, nicht wahr?«

Celia nickt und schnauft und der Daumen flutscht wieder aus ihrem Mund.

»Die haben Steine vom Mond geklaut und zurück auf die Erde gebracht!«, flüstert Lisa stolz. »Da wurden sie untersucht.«

»Da siehst du's mal, was du für eine kluge Schwester hast, Celia!«, lächelt der Prof und wiegt die schweigende Celia hin und her. »Und bei diesen Gesteinsproben, die konnten ja in ihrer engen Rakete keine Riesenbrocken mitschleppen, haben wir Forscher gesehen, dass bestimmte Substanzen darin fehlen, die wir hier auf unserer Erde in den Steinen haben. Substanzen, die die Felsbrocken aus dem Weltall mitgebracht haben. Also haben wir gewusst, dass der Mond kein Wasser haben kann, zum Beispiel. Da fehlte so ein Atom in den Steinen. Und daher wissen wir auch, dass es kein Leben auf dem Mond geben kann. Celia, hörst du mir noch zu?«

Ach, Prof, das tut sie doch schon längst nicht mehr. Wir aber schon. Im Mondlicht eng auf der Bank zusammengerückt, der

Park mit seinen Bäumen ist jetzt längst rabenschwarz. Aber gruselig ist es überhaupt nicht. Der Mond passt ja auf die Erde auf und der Prof auf uns.

»Aber wissen will ich trotzdem, warum der Mond manchmal hell ist und manchmal rot«, brummelt Tim. »Und warum er manchmal dick ist und manchmal dünn. Das weiß mein Papa nämlich auch nicht. Ich will's ihm aber so gerne sagen. Dann krieg ich auch mal hundert Punkte!«

»Kriegst du!«, zischelt Lucas und legt den Arm um seinen dicken Freund. »Erzähl ihm einfach, der Mond ist hell, weil die Sonne ihn angeknipst hat, wie so 'nen Lichtschalter, den knipst sie auch nicht mehr aus. Und wenn er rot ist, dann ist er eben noch näher an die Sonne gerutscht. Denke ich mal. Wenn du nämlich nahe an so ein Grillfeuer kommst, wo Würstchen brutzeln, dann kriegste auch rote Backen, kapiert?«

»Und dick und dann wieder dünn wird er, weil er wandert, Tim!«, unterbricht Lisa eifrig. »Das hat der Prof doch erzählt, er ist ein Wanderer am Himmel, rund um unsere Erde herum. Ist doch logisch. Wir sehen ihn mal dick als Vollmond, so nennt man das nämlich, Tim, und dann als Halbmond. Weil, dann ist er weitergewandert und wir können immer nur den Teil des Mondes sehen, der von der Sonne beleuchtet ist. Drum sehen wir manchmal nur den halben Mond oder manchmal nur so 'ne Sichel … Ja so muss das sein! Kannst du jetzt deinem Papa erzählen.«

»Wenn das mal stimmt«, murmelt Tim und schaut zum Prof. Ich auch. Aber der hat gar nicht zugehört! Der ist dabei, Celias Daumen wieder in den Mund zu schieben …

»Stimmt's, Prof?« Tim murmelt nicht mehr, er wird sogar richtig laut und ist sogar aufgestanden. »Weil, meinem Papa erzähl ich nichts Falsches, dann wird er nämlich sauer! Dann darf ich vielleicht gar nicht mehr herkommen!«

»Ich würde dich vermissen, Tim!«, sagt der Prof und seufzt. Celia will einfach nicht mehr einschlafen auf seinen Armen. »Deine Freunde haben im Großen und Ganzen recht, dein Papa wird zufrieden sein. Der Mond dreht sich um die Erde, die Erde dreht sich um die Sonne. Da oben im Universum dreht sich sowieso alles! Es dreht sich alles ein bisschen, weil alle Körper alle anderen spüren. Man kann aber nur was spüren, wenn eine Kraft da ist. Und diese Kraft, ihr kennt sie schon alle, es ist die Schwerkraft, die hält nicht nur alles fest, sondern sie bringt die Körper auch zum Drehen. Selbst wenn sie weit entfernt aneinander vorbeifliegen. Und so sehen wir hier auf der Erde die Sterne und Planeten immer auch aus einem anderen Blickwinkel. Ist das nicht schön?«

Er hat also doch zugehört.

»Aber jetzt, meine Lieben, hopphopp, nach Hause, höchste Zeit. Alle Mann in mein Auto, ich bringe euch heim.«

Schön!!! Da werden unsere Eltern aber froh sein und wir auch. Hoffentlich darf ich neben ihm sitzen ...

Und so marschieren wir durch den nachtdunklen Park, der Prof mit Celia auf den Armen vorneweg, wir im Gänsemarsch eng hinterher, wir dürfen ja nicht verloren gehen, auch wenn der Mond uns leuchtet. Wir stolpern aber trotzdem oft, weil wir immer wieder zum Mond hochgucken. Ob man sehen kann, wie er grad ein winziges Stückchen abhauen will? Ob er vielleicht gerade von einem Felsbrocken aus dem Weltall eins auf die Nase kriegt?

Dann hat er wieder ein Loch und Magma quillt raus und erstarrt, weil doch das Weltall so kalt ist, und schwupp, hat er schon wieder einen neuen Fleck?

Nein, sehen wir natürlich nicht. Nur den tollen, runden Mond am Abendhimmel, von dem wir jetzt wissen, wie wichtig er für unsere Erde ist. Ob er das wohl weiß? Er hängt da oben und leuchtet uns, so, als würde er auf uns aufpassen. Und wir alle, der Prof sieht's ja nicht, der schleppt ja Celia, winken heimlich wie Kindergartenzwerge dem Mond ein »Tschüss« zu.

»Morgen treffen wir uns auf dem Fußballplatz«, schnauft der Prof und schiebt Celia auf seine andere Schulter.

»Prima, zum Kicken!«, zischelt Lucas begeistert.

»Neee, zum Zuhören«, schnauft der Prof. »Da sind wir ungestört um die Mittagszeit, gekickt wird da nämlich später.«

Celia, blitzwach, schlingt ihre Arme um seinen Hals und verlangt: »Singen!«

Ja, singen wäre jetzt gar nicht schlecht ... Ein Lied für den Mond. Sofort fängt der Prof an und wir alle singen mit, und singend klettern wir in sein Auto.

»Wer hat die schönsten Schäfchen, die hat der goldne Mond, der hinter unsren Bäumen am Himmel droben wohnt.«

Und singend fahren wir los, Celia auf dem Schoß von Tim, der hält sie ganz fest und brummelt bloß dazwischen: »Der hat keine Schäfchen, der hat Krater!« Und singend kommen wir zu Hause an.

Und ich hab neben meinem Prof ausnahmsweise vorne sitzen dürfen ...

4. Der vierte Treff, heute auf dem Fußballplatz

Der Prof erzählt uns was von den Planeten

Heute wird sich der Prof aber wundern! Wir haben uns nämlich was ausgedacht! Lisa, natürlich Lisa, ist auf die Idee
gekommen, aber ich muss sagen, die Idee ist toll! Den ganzen
Nachmittag haben wir dran herumgebastelt. Lisa hat diktiert,
wir haben ausgeschnitten und geschrieben und Bändchen
geklebt, gestritten und auch gekichert. Wir sind nämlich die
Planeten, die uns der Prof erklären will! Lisa kennt sie alle,
weil sie nachgeschaut hat in einem Buch, heute früh, noch vor
der Schule. So ist Lisa.

Gestritten haben wir, weil jeder Saturn sein wollte, der mit
den tollen Ringen um den Bauch. Keiner wollte die Venus
sein, da mussten wir so kichern, aber keiner von uns hat
eigentlich genau gewusst, warum. Wir haben gelost, Lucas
hat verloren, da wollte er nicht mehr mitmachen, dann aber

doch. Und jetzt marschieren wir im Gänsemarsch, mit unseren Planeten-Namen um den Hals gehängt, hin zum Fußballplatz.

Hoffentlich ist er schon da, unser Prof! Ja, da ist er, ich seh ihn schon von Weitem. Er hockt auf einer Bank am Rand vom Fußballplatz, eine Sporttasche zu seinen Füßen, und er winkt uns schon entgegen. Wir winken nicht zurück, wir müssen ja auf unsere Riesenschilder aufpassen, die zerknittern ja sonst. Das von Celia ist sowieso schon ein bisschen angelutscht...

Der Prof stutzt, ich seh's genau, immer wenn er stutzt, legt er den Kopf schief. Klar muss er sich wundern! Kein »Hallo!« von uns und kein Gewinke.

»Wir sind Planeten, und Planeten winken nicht!«, sagt Lisa sehr würdevoll und hält ihr Schild hoch. »Ich bin Mars! Und jetzt müssen Sie zu jedem von uns was erzählen!«

Sie dreht sich ungeduldig zu uns um und kommandiert: »Los, Leute, wir haben's doch besprochen!«

Lucas tippt auf sein Schild und zischelt: »Ich bin Venus, leider.« Und muss schon wieder kichern.

Tim brummelt: »Jupiter. Weil der so groß und dick ist, hat Lisa gesagt. Dick stimmt!«

»Saturn!«, rufe ich und halte mein Schild vors Gesicht.

Vielleicht findet unser Prof das jetzt alles ganz doof? Kein Wort hat er bis jetzt gesagt...

»Celia, Windelzwerg, du bist dran!«, höre ich Lisa ungeduldig rufen. »Ich hab's doch mit dir geübt. Los, mach schon! Wer bist du?«

»Celia!«, kreischt Celia und Lisa stöhnt auf. »Merkur bist du, Merkur, wie oft soll ich dir das noch sagen!«

»Celia!«, kreischt Celia vergnügt und jetzt lacht der Prof los, aber wie! Laut und fröhlich.

»Es fehlen aber noch Uranus und Neptun!«, informiert ihn Lisa sofort eifrig.

Ich glaub, sie ist genauso froh wie ich, dass der Prof lacht und ihm unsere tolle Idee gefällt.

»Aber dafür haben wir keine Kinder mehr gehabt. Und Pluto fehlt auch.«

Jetzt kriegt Celia einen Stups von ihrer Schwester: »Los, Celia, mach schon, du hast es uns versprochen, okay?«

»Okay!« Celia nickt ernsthaft und zieht aus ihrem Kindergarten-Täschchen eine völlig zerknitterte Papierkugel raus. Mensch, Celia! Den Zettel haben wir ihr doch so sorgfältig gefaltet reingesteckt! Celia stört das gar nicht, sie marschiert zum Prof und legt ihm die Papierkugel auf den Schoß und verkündet stolz: »Hab ich geschrieben und Lisa und Lucas und Ida und Tim auch! Sind meine Freunde, weißt du?«

»Weiß ich, Celia, weiß ich!«, sagt der Prof und lächelt.

»Meine sind das auch, hoffe ich jedenfalls.«

Mit gerunzelter Stirn zupft er die Papierkugel auseinander, es geht nicht gut...man muss ihm helfen.

»Da steht drauf, du bist Pluto!«, sage ich und werde ein bisschen rot. Weil's doch eigentlich heißen müsste: »Sie sind Pluto!«

Der Prof springt auf, verbeugt sich tief, dabei kullert die Papierkugel in den Fußballfeld-Sand. Sofort sammelt Celia sie eifrig auf und steckt sie zurück in ihr Täschchen.

»Ich bedanke mich sehr für die Ehre, im Kreis meiner Pla-neten-Kollegen aufgenommen zu sein. Nur leider muss ich euch enttäuschen: Ich bin nämlich kein Planet mehr!!! Bis vor Kurzem war ich das noch, aber dann hat man mich zum Zwerg-Planeten erklärt, und solche Zwerg-Planeten gibt es im Weltall jede Menge. Ohne Namen. Da hab ich doch wirklich Pech gehabt, nicht wahr? 1930 wurde ich erst entdeckt, und schon 2006, also ...«

»76 Jahre später!«, ruft Lucas, ehe es Lisa rufen kann, der kann nämlich auch gut rechnen. Ich nicht so...

»Also 76 Jahre später wurde ich ein Zwerg-Planet«, sagt der Prof und seufzt. »Bloß weil ich noch nicht ein Mal um die Sonne gewandert bin. Schwupp, war ich weg vom Fenster. Ich hätte nämlich 200 Jahre gebraucht, um ein Mal um die Sonne zu reisen. Das hat den Astronomen einfach zu lange gedau-ert, die hatten einfach überhaupt keine Geduld mit mir, tja, so kann's gehen. Unsere Erde zum Beispiel, unsere prima Erde, die braucht wirklich nur ein Jahr, um ein Mal um die Sonne zu wandern. Nix zu machen, die anderen Planeten sind halt fixer als ich!«

»So was kenne ich«, seufzt Tim. »Aber ich darf trotzdem mitmachen, meistens jedenfalls. Und ich heiße immer noch Tim!«

»Na ja, Tim, ich heiße ja auch immer noch Pluto«, sagt der Prof und zuckt die Schultern. »Doch mitmachen bei den wichtigen Planeten darf ich leider nicht mehr. Schade. Aber wisst ihr, wie ich zu meinem Namen kam? Das hat mich nämlich wirklich gefreut!« Er lacht und putzt seine Brille. »Als ich im Universum entdeckt wurde...«

»1930 war's!«, ruft Lisa schnell, natürlich Lisa! Sie kann's halt nicht lassen.

»1930 war's«, wiederholt der Prof und winkt Lisa zu. »Ist nicht so wichtig, Lisa. Also, da gab's einen Wettbewerb, und zwar in England. Wer findet den schönsten Namen für mich! Und wisst ihr, wer gewonnen hat? Ein Mädchen, ungefähr so alt wie ihr! Ist das nicht großartig?«

Da wird die aber mächtig stolz gewesen sein! Wenn ich mir vorstelle, da im Universum gibt's einen Planeten und alle Astronomen kennen ihn und noch viele andere kluge Leute und den Namen habe ich dafür erfunden...Wahnsinn!

»Wahrscheinlich hat sie 'ne Katze gehabt und die hat Pluto geheißen«, zischelt Lucas grinsend.

»Quatsch, einen Hund, Katzen heißen nicht Pluto!«, ruft Lisa streng.

»Ein dickes Meerschweinchen«, brummelt Tim.

»Krokodil!«, kreischt Celia vergnügt.

»Keine Ahnung!«, grinst der Prof und runzelt die Stirn. »Wollen wir uns jetzt weiter Tiere ausdenken oder was?«

Neee, wollen wir nicht, da gibt's bloß Streit. Ich will wissen, wie wir zu den Namen kamen, die wir um die Hälse hängen haben.

»Das waren die alten Griechen vor urlanger Zeit«, erzählt der Prof. »Die haben nämlich geglaubt, die Planeten seien der Sitz der Götter, da wohnen sie, und mit denen muss man sich gut stellen, weil sie ja einen beschützen, wie man damals glaubte. So haben sie jedem Planeten einen wirklich schönen Namen geschenkt und dabei eigentlich an die Götter gedacht. Heute denken wir nicht mehr so, aber die Namen sind geblieben. Aber jetzt, meine lieben Planeten...«, er springt auf und klatscht in die Hände, »ab mit euch ins Universum, dahin, wo ihr hingehört!«

Was denn, sollen wir jetzt in den Himmel fliegen?

Wir kichern los, aber der Prof schüttelt den Kopf und zeigt aufs Tor im Fußballfeld. »Da wohnt die Sonne! Ein Tor ist höchst wichtig für ein Fußballspiel, das wissen wir alle, das ist die Sonne auch für die Planeten. So, und jetzt flitzt ihr bitte an euren Platz, schön im Abstand zur Sonne, denkt daran. Die ist glühend heiß!«

Er klatscht in die Hände. »Merkur, bitte! Du bist der Erste!« Da ist aber kein Merkur mehr! Celia mit ihrem Merkur-Schild um den Hals spaziert gemütlich irgendwo dahinten herum... Wahrscheinlich sucht sie schon wieder einen Hund.

»Windelzwerg, komm her!«, kreischt Mars Lisa, aber Merkur Celia macht bloß winke, winke und der Prof und ich, wir laufen los und schleppen zusammen den quietschenden und strampelnden Merkur zurück und stellen ihn auf seinen Platz, ein bisschen entfernt vom Fußballtor. Merkur mault, bleibt

aber brav stehen, weil Lucas ins Weltall gesprungen kommt, um Merkur einen Bonbon in den Mund zu stecken.

»Danke, Venus«, lächelt der Prof. »Du kannst übrigens gleich dableiben, du stehst nämlich hinter Merkur. Jetzt wäre eigentlich die Erde dran, die haben wir aber nicht, schade!« Er schaut sich um und holt seine Sporttasche. »So, jetzt haben wir sie doch. Nur laufen wird sie nicht können, so wie ihr.« Er lacht, und ehe er Mars aufrufen kann, steht er schon da und blättert in seinem Heft. Lisa nämlich, schön im Abstand natürlich zur Sporttasche, neee, zur Erde.

»Jupiter, bitte kommen!«, ruft der Prof und klatscht wieder in die Hände. Tim schleicht los, langsam, sehr langsam.

»Mann, mach schneller, sonst kriegen wir die Planetenreihe ja nie auf die Reihe!«, nuschelt Venus.

»Kann nicht!«, brummelt Jupiter Tim. »Bin zu schwer.«

Aber ehe wir in Geseufze ausbrechen können, stoppt uns der Prof. »Beschimpft mir meinen Jupiter nicht! Tim hat absolut recht, er ist tatsächlich der schwerste von allen Planeten, er kann nichts dafür.«

Tim auf seinem Platz hinter Mars schnauft zufrieden.

»Ida, lieber Saturn, du bist das Schlusslicht.« Der Prof lächelt mich an und schon stehe ich da, wo ich hingehöre. Hinter dem dicken Jupiter.

Jetzt sind wir alle hintereinander aufgereiht als Planeten vor dem Fußballtor, wo die Sonne wohnt. Merkur, Venus, Erde, Mars, Jupiter, Saturn.

»Und was ist jetzt mit Neptun und Uranus? Die fehlen doch!«, ruft Mars.

»Kannste vergessen, Mars!«, ruft der Prof zurück. »Die sind so weit draußen im Universum, so weit weg von der Sonne, weiter weg geht's gar nicht.«

»Wenn das Fußballfeld unser Universum ist«, zischelt Venus, »dann sind die ganz klar im Abseits.« Und er kickt den Ball, den er gar nicht hat, in die Luft.

Und was macht der Prof? Er kickt den Ball, den er auch nicht hat, wieder zurück. Was denn! Die dürfen zappeln und wir anderen stehen hier still und steif?

»Aber natürlich bewegt ihr Planeten euch im Universum,

alles bewegt sich im Universum, alles!«, sagt der Prof. »Wie hat das Lucas mal so schön gesagt? Alles wetzt da rum. Aber jetzt wetzt uns grad wieder unser Merkur davon!«

Celia ist schon wieder auf der Suche nach einem Hund und wird sofort vom Prof wieder eingefangen. »Celia, willst du mal wetzen?«, fragt er und schiebt ihr das verrutschte Merkur-Schild wieder zurecht. »Immer rund ums Tor, da wohnt die Sonne. Aber renn da nicht rum wie um einen runden Fußball, sondern wie um ein Ei, du weißt, was ein Ei ist?«

»Osterei!«, lacht Celia und läuft los, und jetzt müssen wir alle staunen, der Prof staunt auch und freut sich. Tatsächlich, Celia läuft, Ärmchen weit ausgebreitet, nicht im Kreis ums Sonnentor herum, sondern wie um ein Osterei. Das ist in der Mitte dick und unten und oben dünner...

»Sie läuft eine Ellipse!«, freut sich der Prof. »So nennen wir das. Sie hat's kapiert! Genau so umkreist ihr Planeten auch die Sonne. Nicht kreisrundherum, sondern wie Celia ellipsen-förmig, eben wie um ein Ei!«

»Der Kandidat hat hundert Punkte!«, zischelt Venus.

»Los, Planeten, macht's nach!«, ruft der Prof. »Jeder auf seiner Bahn, und in die Quere kommt ihr euch nie! Und denkt daran: Während ihr eure Bahnen zieht, dreht ihr euch natürlich um euch selber, die Erde tut's ja auch, wie ihr schon wisst.«

Ja, aber wie herum drehen wir uns denn?

»Gegen den Uhrzeigersinn, ihr Planeten«, antwortet er und sofort drehen wir uns wie Kreisel, nur Merkur Celia nicht, die hüpft. Vom Uhrzeigersinn, na ja, davon hat sie noch keine Ahnung…

»Halt, stopp, Venus!«, ruft der Prof und grinst. »Du drehst dich andersrum, und jetzt fragt mich bloß nicht, warum. Wir wissen es nicht. Wir wissen nur, dass es so ist. Los geht's!«

Wir setzen uns in Bewegung, laufen kreiselnd unsere Oster-eier-Bahnen. Mensch, gar nicht so leicht, wir müssen furcht-bar aufpassen, dass wir nicht zusammenstoßen. Hoffentlich hat Jupiter nicht zu viele Hamburger gefuttert. Sich drehen und dabei noch laufen, da wird ihm garantiert schlecht…

Der Prof läuft neben uns her, erst neben dem Hüpfe-Merkur, und erzählt: »Merkur, du bist der kleinste der Felsenplaneten, du wiegst noch nicht mal halb so viel wie die Erde.«

Celia bleibt stehen, mit Daumen im Mund.

»Daumen raus!«, sagt der Prof und flüstert ihr ins Ohr: »Ich, Pluto, bin allerdings noch kleiner als du. Aber ich darf hier ja nicht mehr mitspielen. Du aber schon. Tröstet dich das?«

»Neee!«, kreischt Merkur vergnügt und rennt davon, der Prof hinterher.

»Du bewegst dich am schnellsten von allen Planeten, wie man deutlich sehen kann, du Hüpfemaus, mach mal stopp. Wie soll ich dir denn erzählen, ohne dass mir die Zunge aus dem Mund hängt, hechel, hechel – wie bei deinen Freunden, den Hunden –, dass du deinen Namen bekommen hast wegen deiner Geschwindigkeit!«

Celia Merkur macht stopp und strahlt: »Hund!«

»Neee, Hermes!«, lacht der Prof und wischt sich die Stirn. »Die alten Griechen nannten dich Hermes, das war der Götterbote mit Flügelchen an den Sandalen und an seiner Kappe, der wetzte da rum bei ihnen. Die Römer aber haben dich später Merkur genannt. Das war bei ihnen auch ein Götterbote, und bei dem Namen ist es geblieben, bis heute. Du bist übrigens auf deiner Oberfläche dem Mond recht ähnlich, du hast da auch einige Dellen abgekriegt.«

»Kratzer!«, quietscht Merkur und hüpft wieder los.

»Krater!«, ruft der Prof hinterher. »Staubtrocken bist du, keine Atmosphäre, kein Wasser, du stehst zu nah zur Sonne, auf dir wird's irrsinnig heiß und dann wieder grässlich kalt. Auf dir kann kein Leben entstehen, ausgeschlossen. Merkur, bist du noch da?«

»Neee!«, kreischt Merkur, hüpft vergnügt ums Tor und wackelt dabei mit beiden Händen neben ihren Ohren. Flügelhändchen... na, wenigstens das hat sie kapiert.

Der Prof lacht und erzählt uns jetzt das, was er Merkur noch erzählen wollte, nämlich dass Merkur in seinem Inneren tatsächlich der Erde gleicht. Da ist es dicht und da gibt's einen

festen Kern, aber eine wunderbare belebte Erde werden, das hat er nicht geschafft. Pech gehabt.

Jetzt ist aber Lucas dran, die Venus.

»Ja, liebe Venus, und jetzt wird nicht gekichert, sondern zugehört. Man dachte lange, dass es bei dir so ähnlich ist wie bei uns. Weil du nicht so nahe an der Sonne bist wie der kleine Merkur, aber auch nicht so weit weg. Du bist übrigens auch ein Felsenplanet. Und da dachte man, auf dir können Venusianer und Venusianerinnen leben, na ja, und was die da miteinander machen...« Der Prof grinst im Laufen und wedelt mit den Armen. »Planeten, es darf gekichert werden, aber nur kurz!«

Natürlich kichern wir, aber nicht so kurz...

»Na schön, ich merke schon, ihr wisst Bescheid. Drum nannte man auch den Planeten Venus den Planet der Liebe, was ja nun wirklich was Schönes ist!«, ruft der Prof. »Habt ihr euch jetzt ausgekichert?«

Alle Planeten nicken, nur hinter der Zahnspange von Venus hockt immer noch ein Kichern... das merke ich genau.

»Es war nur so, Venus, dass man von deiner Oberfläche überhaupt nichts hat sehen können. Weil du von einer total undurchsichtigen Atmosphäre umzogen bist. So konnte man also bloß spekulieren«, erzählt der Prof und läuft. Laufen kann er gut, wir aber auch!

»Und erst als man Tausende von Jahren später Sonden zu dir hochgeschickt hat, das sind wie so kleine Raketen ohne Menschen drin natürlich, die schießt man hoch zu den Planeten und dort können sie sogar landen, toll ist das, aber die tollen Sonden sind jetzt nicht unser Thema. Die haben auf dir, Venus, Fürchterliches festgestellt. Nämlich, du hast eine Oberflächentemperatur von 450 Grad. Da kann kein Mensch leben, denn wenn wir zum Beispiel 42 Grad Fieber haben, dann wird's für uns schon gefährlich. Also, nix ist mit Venusianern und Venusianerinnen. Das kommt daher, dass es auf dir einfach nie geregnet hat. Das ganze Kohlendioxid ist in deiner Atmosphäre hängen geblieben und konnte damit auch nicht ausgewaschen werden. Das heißt, deine Atmosphäre besteht praktisch nur aus Kohlendioxid und deswegen kommt das Sonnenlicht zwar rein, erwärmt deine Oberfläche, kommt

aber nicht mehr raus, bleibt da hängen. Ufff, das war jetzt aber ausführlich, kommt ihr noch mit?«

Wie meint er das jetzt? Unsere Füße oder unseren Kopf? Wir sind tatsächlich langsamer geworden, er auch. Nur Merkur Celia rennt noch immer vergnügt ihr Osterei ums Tor herum, und wenn wir nicht aufpassen, dann rennt sie bestimmt bald weg, um einen Hund zu treffen...

»Verschnaufpause für die Planeten«, schnauft der Prof und wischt sich die haarlose Stirn. Wir setzen uns auf den harten

Boden, Beine weit ausgestreckt. Nur Venus-Lucas macht noch ein paar Sprünge und Kicker in Richtung Sonnentor. Ich glaube, er ist froh, dass er so gruselig heiß ist und auf keinen Fall auf ihm Venusianer rummachen können, worüber wir doch bloß wieder kichern müssten.

Lisa darf jetzt natürlich ganz nah neben dem Prof sitzen, das ist klar. Sie ist ja Mars, und der steht hinter der Erde, der Sporttasche. Vorher Venus, dann unsere Erde, dann Mars, alles klar.

Lisas Füße sind sicher genau so müde wie meine, die von Tim sowieso, aber ihr Kopf nicht. Sie wedelt mit ihrem Heft.

»Ja, lieber Mars, dann zück mal deinen Bleistift«, lächelt der Prof und putzt seine Brille, die ist schweißfeucht. »Soll ich dir etwas diktieren?«

»Ich bitte drum!«, sagt Lisa und schlägt ihr Heft auf.

»Na schön, wenn du es so haben willst.« Der Prof legt los.

»Als Erstes schenke ich dir ein schönes Wort. Du bist ein Felsenplanet, und zwar ein terrestrischer. Was bedeutet, du bist der Erde recht ähnlich. Terra heißt auf Lateinisch und heute noch auf Italienisch Erde. Aufgeschrieben?«

Lisa nickt.

»Du bist etwa halb so groß wie die Erde und nach Merkur der zweitkleinste Planet im Sonnensystem«, diktiert der Prof geduldig weiter.

»Und bitte, was ist das Sonnensystem?«, fragt Lisa.

»Mensch, Mars«, zischelt Lucas-Venus. »Da biste doch drin!«

»Halt du dich da raus!«, zischt Mars zurück.

»Kann ich nicht!«, grinst Venus. »Ich bin da nämlich auch drin. Das sind wir alle, ist doch logisch!«

Lisa-Mars schmeißt ihr Heft auf den Boden. Sie kann's halt nicht ertragen, wenn jemand was besser weiß als sie, so ist sie halt…»Dann könntest du mir also jetzt sofort erklären, was das Sonnensystem ist?«, schreit Lisa mit zornroten Backen. »Ich höre?!«

Aber ehe Mars und Venus sich richtig zanken können, greift der Prof ein und hebt das hingeschmissene Heft wieder auf.

»Das Sonnensystem erklären, das übernehme ich, wenn's euch recht ist, ihr Streithansel«, sagt er freundlich und überreicht Lisa wieder ihr Heft. »Und zwar nachher, gut so? Aber ganz nebenbei, mein lieber Mars, Venus hat recht, ihr Planeten seid alle im Sonnensystem geboren. Und jetzt zurück zu dir. Du bist ein sehr schöner roter Planet, und darum hat man dich auch Mars genannt, nach einem römischen Kriegsgott. Na, Lisa, das könnte doch gut zu dir passen, oder?«

Liebevoll streichelt er ganz kurz ihre Backen, die werden noch röter.

»Kriegsgott, das passt prima!«, nuschelt Venus begeistert los. »Prof, du solltest mal sehen, wie die sich in der Schule...«

»Das steht überhaupt nicht zur Debatte!«, schreit Mars wütend und haut Venus ihr Heft auf den Kopf. »Und außerdem, Blödmann, einen Prof duzt man nicht, da sagt man ›Sie‹, dass du's nur weißt! Und ich möchte jetzt endlich wissen, warum ich so rot bin!«

Weil der Prof deine Backen gestreichelt hat, denke ich, aber laut sage ich das lieber nicht. Das wär ein bisschen gemein...

»Planeten duzen sich alle!«, zischelt Venus und boxt in die Luft. »Er ist doch einer, der Prof, auch wenn er jetzt bloß so'n Außenseiter ist.«

Lisa holt tief Luft, ich seh's genau, aber ehe sie wieder loskreischen kann, hebt der Prof beide Hände. »Schluss mit der Diskussion! Ob sich die Planeten alle duzen, keine Ahnung, Venus. Aber der Gedanke gefällt mir... der ist lustig. Wir hier heute auf dem Fußballfeld sind zwar Planeten, aber auf jeden Fall auch Freunde und die sagen »Du« zueinander. Einverstanden, Mars?«

Mars nickt, wir nicken alle. Am meisten nicke ich...

»Das ist geklärt, das freut mich«, sagt der Prof und lächelt. »Nun zurück zu meinem Mars. Deine Frage war, warum du so rot bist. Ganz einfach, weil sich auf deiner Oberfläche und auch in deiner dünnen Atmosphäre Eisenpartikelchen verteilt haben, du kannst es auch Rost nennen. Was Rostiges kennen wir alle, oder?«

Er schaut uns an und schon wieder nicken wir. Klar, schon mal gesehen, ein rostiger Eisentopf, ein verrostetes Fahrrad... und ich bin froh, dass Lisa wieder zufrieden mitschreibt. Weil ihr der Prof erzählt:

»Deine Atmosphäre ist auch sehr viel dünner als die unserer Erde. Auf dir könnte kein Mensch atmen, ungefähr so, als würdest du auf den Mount Everest klettern, das wäre nur hechel, hechel. Und noch ein Beispiel: Wenn du dir vorstellst, hier schreist du fürchterlich laut nach deinem Schwesterchen, was du sicher oft tun musst, dann ist dein Schrei ungefähr 1000 Meter weit zu hören. Würdest du aber auf dem Mars schreien, dann könnte Celia dich nur hören, wenn sie weniger als 16 Meter von dir entfernt ist.«

»Der Zwerg hört doch sowieso nicht, egal, wie weit oder wie nah«, seufzt Lisa.

Der Prof lächelt und schaut sich um. »Wo ist mein kleiner Merkur denn überhaupt? Muss ich mir Sorgen machen?«

Neee, muss er nicht. Sie hockt im Tor, da, wo die Sonne wohnt, und malt Sternchen in den Sand. Jetzt kann er weitererzählen. Lisa ist ja längst noch nicht zufrieden, das sehe ich. Der Prof sieht es auch.

»Dass deine Stimme nicht so weit trägt, Lisa, liegt daran, dass sich der Schall, also die Stimme, deutlich langsamer ausbreitet, weil eben deine Atmosphäre so dünn ist. Kann man nix machen.«

»Kein Problem«, sagt Lisa und endlich lacht sie mal. »Ich nehme doch an, dass man auf mir auch gar nicht leben kann, wahrscheinlich habe ich nämlich auch kein Wasser.«

»Hast du nicht!«, bestätigt der Prof. »Kann aber sein, du hast es mal gehabt. Das muss aber urlange her sein, und jetzt jedenfalls ist nix mehr da. Außerdem ist es auf deiner Oberfläche eisekalt, da kann nichts schwabbeln und fließen. Aber Sandstürme gibt es auf dir, sehr heftige sogar. Da kommt es sogar vor, dass sie große Flächen von dir zudecken. Muss toll aussehen, wenn man's sehen könnte. Dich zu erreichen, lieber Mars, ist wirklich schwierig. Mit einem Raumschiff, na ja, mit was denn sonst, müssten wir sechs Monate zu dir hinfliegen und, logisch, sechs Monate wieder zurück. Wer macht denn so was? Zum Mond zum Beispiel dauert die Raumschiffreise nur dreieinhalb Tage, der ist nur 400 000 Kilometer von uns entfernt, du aber bist ein paar Millionen Kilometer weit weg. Also, mein guter, spannender, rostiger Mars, du kannst sicher sein, du hast da oben deine Ruhe.«

»Die hätte ich auch gerne im Kinderzimmer«, seufzt Lisa leise und hat schon längst aufgehört, ins Heft zu kritzeln. Zuhören ist besser, na endlich hat sie's kapiert...

Unser Prof lächelt verständnisvoll und schaut sich um.

»Aber Ruhe gibt's im Universum trotzdem nicht, ihr Planeten bewegt euch immerzu auf euren Bahnen, das Universum ist kein Kinderzimmer... Aber sehe ich da jetzt etwa meinen Jupiter ruhen?«

Ja, das sieht er. Der ruht nicht nur, der pennt!

Mensch, Tim... Unser Prof guckt auch schon so komisch, man muss Tim helfen. Und wir alle brüllen los: »Jupiter, bitte kommen! Jupiter, bitte kommen!«

Tim blinzelt mit einem Auge: »Muss ich jetzt schon wieder ins Weltall?«

»Neee, du musst nicht, du darfst!«, grinst der Prof.

Tim grunzt und bleibt liegen, den Rucksack als Kopfkissen unter seinem Kopf. »Kann nicht aufstehen, bin zu schwer.«

»Tja, Tim, wo du recht hast, hast du recht«, lacht der Prof und hockt sich einfach neben ihn auf den Boden.

»Du bist tatsächlich der größte Planet im Sonnensystem, 317-mal schwerer als die Erde.« Tim nickt zufrieden und klappt die Augen wieder zu. »Aber du bist auch der Planet, der sich am schnellsten um seine Achse dreht«, sagt der Prof und grinst. »Tut mir leid, mein Freund. Im Universum bewegt sich alles, da pennt keiner, leicht oder schwer.«

Tim stöhnt, aber er rappelt sich hoch. Na, wenigstens das!

»Du bist übrigens kein Felsenplanet wie deine Kollegen vor dir«, erzählt unser Prof weiter und klopft ihm auf die Mütze. »Du bist ein Gasplanet, ein Gasriese sozusagen. Du hast einfach im Sonnensystem das ganze Gas aufgesammelt, was da herumgeschwirrt ist. Also nix gezackelte Staubkörnchen, die zu Staubbrocken wurden und dann zu Felsenplaneten, sondern Gas! Und dass du so ein Riesenbrummer geworden bist, doppelt so schwer wie alle anderen Planeten zusammen, liegt daran, dass es eben im Weltall sehr viel mehr Gas, viel viel mehr Gas gibt als Felsbröckchen. Dass es auf dir kein Leben geben kann, ist ja wohl klar, oder? Du hast einfach keine feste Oberfläche, von Wasser ganz zu schweigen.«

Jupiter Tim kratzt an seiner Kappe, aber darunter lächelt er. Ich glaube, er ist stolz, dass er so riesig ist. Dass er auch so schwer ist, das macht ihm, glaube ich, nichts aus. Daran ist er ja auch schon gewöhnt…

»Aber warum brennt der dann nicht?«, meldet sich jetzt Venus und vergisst ganz das Nuscheln. »Gas brennt doch superschnell, das weiß ich vom Gasherd meiner Oma.«

»Weil im Universum keine Oma ist«, brummelt Jupiter. »Mein Papa würde jetzt sagen, so riesengroße Zündhölzer für mich gibt's ja auch gar nicht.«

»Blödmann!«, ruft Venus. »Ich meine doch die Sonne, die ist doch superheiß, die ist doch so was wie ein Feuerball.«

»Das ist sie tatsächlich, Venus, prima mitgedacht!«, lobt der Prof. »Aber unser Jupiter ist fünfmal so weit entfernt von der Sonne, also viel weiter als ihr, und darum brennt da nix. Kein Gasriese kann da brennen, und damit kommen wir auch gleich zum nächsten Gasriesen, zu meiner Ida, dem Saturn!«

Er winkt mir zu. »Ida, wird's dir schon langweilig?«

Nein, überhaupt nicht. Na ja, ein bisschen schon… weil ich so lange warten muss, das nervt. Aber immerhin weiß ich jetzt ja schon, dass ich auch ein Gasriese bin, das ist doch schon mal was.

»Uranus und Neptun sind Eisriesen. Wie die entstanden sind, das wissen wir nicht«, sagt der Prof und zuckt die Schultern. »Wir wissen nur, dass es auf ihnen wahnsinnig kalt ist, sie haben halt so richtig viel Eis, weil sie so weit, weit draußen im Universum sind, und ihr erinnert euch, unser Weltall ist fürchterlich kalt. Ihr seid näher an der Sonne, unserem Feuerball, wie Venus gesagt hat. Da friert halt nix ein. Wir wissen nur, dass auch die Eisriesen sehr schwer sind, ungefähr 15-mal so schwer wie die Erde, sonst wissen wir nix.«

Von mir aber schon, oder? Aber ehe der Prof mir mehr erzählen kann, wedelt Mars schon mit dem Heft und ruft: »Saturn, du hast Ringe und dich kann man ohne Teleskop prima am Himmel sehen und du bist der zweitgrößte Planet im Sonnensystem und...«

Und dann weiß Lisa, der Besserwisser-Mars, nicht weiter. Das geschieht ihr recht! Der Prof ist doch jetzt endlich mein Begleiter, von ihm will ich's doch hören!

Der Prof legt mir die Hand auf die Schulter, das hat er bei den anderen Planeten nicht gemacht... und er flüstert mir zu: »Sei Mars nicht böse, auf ihm wohnt doch der Kriegsgott, unser Mars, der heute jetzt Lisa heißt, kann nicht anders. Ja, das stimmt. Und Profs Hand auf meiner Schulter, die versöhnt sowieso.

»Mars hat recht!«, ruft er jetzt laut und Lisa nickt stolz.

Macht mir nichts mehr aus, der Prof bleibt ja bei mir und erzählt mir weiter: »Du bist tatsächlich der zweitgrößte Planet neben Jupiter, aber du bist viel leichter.«

Tim dreht sich zu mir um. »Du hast eben nicht so viel Gas gefressen wie ich, das haste jetzt davon.«

»Neee, Jupiter, stimmt nicht ganz«, lächelt der Prof. »Gas gefressen, wie du sagst, habt ihr beide schon, und übrigens dabei die ganze Gasstaubscheibe in dem ganz jungen Sonnensystem, ihr erinnert euch, weggeputzt. Fast nix mehr da. Aber du, Jupiter, hast es sozusagen besser in dich reingestopft und behalten, bist dichter und damit schwerer geworden, während mein guter Saturn Ida offenbar nicht so gierig war, in ihr ist es einfach nicht so dicht.«

Das gefällt mir. Ich bin lieber leicht. Aber was ist denn jetzt mit meinen schönen Ringen?

»Ja, deine schönen Ringe, Saturn«, sagt der Prof und lächelt. »Du hattest offenbar in deiner Umgebung sehr viel Felsenmaterial, also winzige Trümmerchen, und die hast du durch deine Schwerkraft einfach zerrissen und die sind praktisch in diese hauchdünnen Ringe gezogen worden. Die bestehen hauptsächlich aus Wassereis und Gesteinsbrocken. Und stell dir vor, die Ringe sind ja nur ein paar Hundert Meter dick, aber im Durchmesser 400 000 Kilometer groß. Ist das nicht unglaublich?«

Ja, das ist es, aber vorstellen kann ich's mir trotzdem nicht. Muss ich das? Neee, muss ich nicht. Ich weiß schon, was mein Prof jetzt sagen würde. Das ganze Weltall mit allem drin ist für uns unvorstellbar, aber einfach großartig. Ja, so würde er das sagen, denke ich. Und es stimmt!

Dass man mich am Abendhimmel gut sehen kann, das freut mich. Und auf die schönen Ringe bin ich richtig stolz. So was hat Lisa-Mars nicht!

»Deine Ringe, Saturn, wandern übrigens um dich herum, kannst du dir ja denken«, erzählt der Prof weiter und seine Hand ist immer noch auf meiner Schulter. »Wenn du's genauer wissen willst, meine gute Freundin Saturn, die Umlaufzeit deiner inneren Ringe beträgt sechs bis acht Stunden, die äußeren Ringe brauchen länger, zwölf bis vierzehn Stunden. Also, die flitzen ganz schön. Aber so genau wolltest du es bestimmt nicht wissen, oder?«

»Ich schon!« Und wer das jetzt ruft und ins Heft kritzelt, das ist wohl klar… Aber wissen möchte ich doch noch, und das sag ich ihm auch, warum man mich so gut sehen kann.

»Weil du Wolken um deine Oberfläche hast, mindestens zwei Wolkenschichten, und deine obere Wolkenschicht reflektiert das Licht der Sonne, leuchtet dir das ein?«

Doch, das tut es, jedenfalls ein bisschen… Aber es ist schon komisch. Meistens kapiere ich sofort, was uns der Prof erzählt, und manchmal muss ich länger nachdenken. Aber das geht ganz bestimmt uns allen so, sogar Lisa, denke ich mal. Celia natürlich nicht… Wo ist die denn überhaupt?

Das Tor, wo die Sonne wohnt, ist leer. Ich schau mich um, aber ich kriege trotzdem mit, wie der Prof erzählt, alle Felsenplaneten seien in der Nähe der Sonne entstanden. Und wie Lisa stolz ruft: »Das ist doch logisch, denn die Gasriesen wären da ja explodiert und die Eisriesen geschmolzen!«

Ja, Lisa, so was interessiert dich, aber wo dein Schwesterchen ist, das interessiert dich nicht. Neee, das ist gemein! Sie hat ja immerhin den Zwerg dauernd am Hals… Und da sehe ich sie ja auch schon. Celia hockt unter der Bank am Rand des

Fußballfelds und wühlt in der Sporttasche vom Prof herum. Die hat sie doch tatsächlich zurückgeschleppt! Aber ich muss mir keine Sorgen machen. Sie ist da.

»Und was ist jetzt bitte mit dem Sonnensystem? Das wollten Sie … das wolltest du … « Na, und wer da ins Stottern kommt, das ist ja klar.

»Erklären!«, ergänzt der Prof. »Danke für die Erinnerung, Mars. Also los! Das Sonnensystem, in dem alle Planeten wohnen, ist eine Gasscheibe. Da haben sich viele kleine Gaswölkchen gedreht und immer schneller gedreht, weil sie sich gegenseitig angestoßen haben. Und weil es so grässlich kalt ist im Weltall, sind sie unter ihrem eigenen Gewicht zusammengebrochen, das heißt … «

»Sie sind geschrumpft, weil sie vorher so heiß waren«, brummelt Jupiter. »Könnte mir nicht passieren, ich dreh mich nicht!«

»Als Tim vielleicht nicht, als Jupiter schon, darf ich dich daran erinnern?«, schmunzelt der Prof und erzählt weiter. »So ein immer kleiner werdendes Gaswölkchen dreht sich also immer schneller und noch schneller, und was passiert? Aus der Kugel wird langsam aber sicher ein Pfannkuchen, platt wie ein Frisbee.«

»Da hängt aber ein riesenlanger Pfannkuchen im Weltall rum, wenn alle Planeten drin Platz haben sollen.« Jupiter Tim blinzelt hoch zum Himmel und schmatzt.

Der Prof lacht. »So habe ich das noch nie gesehen. Gefällt mir. Wollen wir unser Sonnensystem jetzt Pfannkuchen nennen?«

Neee, wollen wir nicht. Sonnensystem klingt viel spannender. Und außerdem mag ich Pfannkuchen nicht so gerne…

»Aber Pfannkuchen würde auch passen«, zischelt Venus und boxt Jupiter auf die Schulter. »Weil, der wird in der Pfanne gemacht, die ist heiß. Und die Pfanne im Weltall, das ist die Sonne, und die ist superheiß, das weiß doch jeder.«

»Eure Vergleiche amüsieren mich sehr!«, lacht der Prof. »Habt ihr etwa Hunger?«

Neee, haben wir nicht, das Nicken von Tim übersehen wir, er hat immer Hunger.

»Dann weiter im Text!«, ruft der Prof. »In diesem Pfannkuchen, also der Gasscheibe, gibt's nicht nur Gas, sondern auch Staub, somit auch Felsen, erst kleinere Bröckchen, dann größere Brocken, na, das kennt ihr ja schon von der Entstehung der Erde, richtig? Denn wenn diese Brocken zusammenstoßen, heizen sie sich auf und dadurch werden die Felsen flüssig. Ihr erinnert euch, so wie bei den Vulkanen, flüssiges Gestein. Und dieses Zeug klebt dann aneinander und diese Bröckchen, die zu riesigen Brocken werden – jetzt bitte ich um Aufmerksamkeit –, die werden zu Asteroiden. Mars, wenn du mitschreiben willst, nur zu, es ist ein schönes Wort.«

»Muss ich nicht, steht schon da!«, sagt Mars stolz und tippt auf ihr Heft.

»Da steht auch, dass aus den zusammenstoßenden ... «

Ha! Jetzt muss sie aber doch im Heft nachschauen!

»... Asteroiden die Felsplaneten entstanden sind«, lächelt der Prof und zwinkert Lisa zu. »Übrigens ist zwischen dir und Tim, neee, Entschuldigung, zwischen Mars und Jupiter ein ziemliches Trümmerfeld. Da schwirren immer noch so kleine Trümmer rum, wir nennen das den Asteroidengürtel.«

»Das erzähl ich meinem Papa!« Jupiter grinst. »Wenn ich mal wieder nicht aufgeräumt hab in meinem Zimmer und mein Papa sauer ist, dann sag ich bloß: ›Papa, genauso sieht's im Sonnensystem aus!‹«

»Da hoffe ich doch sehr, dass dein Papa staunt und dir sofort beim Aufräumen hilft. Ordnung machen im Sonnensystem«, lacht der Prof und putzt seine Brille. »So, Freunde, jetzt wisst ihr alle was über euch und ihr wisst auch, in welcher Reihenfolge und in welchem Abstand zur Sonne ihr im Sonnensystem steht. Zufrieden?«

Na klar, wir sind zufrieden und der Prof kriegt von uns allen ein »Daumen hoch« und von Lucas noch ein gezischeltes »Der Kandidat hat hundert Punkte«. Der Prof freut und bedankt sich, er verbeugt sich tief, das sieht lustig aus.

»Aber ich kann mir nicht merken, wer wo steht«, brummelt Tim und kratzt an seiner Mütze. »Im Auswendiglernen bin ich nicht so gut. Gibt's da einen Trick?«

»Gibt es!«, sagt der Prof und stupst seinen Jupiter auf die Kappe. »Wir erfinden einfach einen Satz, und jedes Wort darin muss den Anfangsbuchstaben von euch Planeten in der Reihenfolge haben, kapiert?«

Das ist aber ganz schön schwierig, oder? Sogar Lisa kratzt sich mit ihrem Bleistift im Haar.

»Macht schon, Freunde!«, ruft der Prof und rennt um uns herum und klatscht in die Hände. »Bewegt noch mal kurz euer Hirn, das macht Spaß! Merkur, Venus, Erde, Mars, Jupiter, Saturn, Uranus, Neptun!«

Lisa kritzelt aufgeregt in ihr Heft, aber da hat Lucas schon einen Satz gefunden und verkündet laut zischelnd: »**M**ein **V**ater **E**rzählt **M**ir **J**eden **S**onntag **U**nsinn **N**asebohrend!« Er boxt begeistert in die Luft, weil der Prof »Bravo« ruft und »Lucas hat hundert Punkte!«.

»Neee«, brummelt Tim missmutig. »Gefällt mir nicht, weil's nicht stimmt. So was macht mein Papa nämlich nicht!«

Mensch, Tim, es ist doch nur ein Spiel!

Aber da fällt mir was ein, das ging ganz leicht:

»**M**ama **V**ergisst **E**igentlich **M**eistens **J**eden **S**onntag **U**nsere **N**achspeise!«

»Prima, Ida!«, ruft der Prof und lacht schallend los, und die anderen lachen mit, am lautesten Tim.

»Den Satz kann ich mir gut merken, weil er nämlich stimmt!«, japst er und schmeißt tatsächlich seine Kappe hoch. »Den Satz erzähl ich meiner Mama, dann lernt sie endlich was!«

»Wie schön!«, grinst der Prof und legt mir den Arm um die Schulter. Das sind meine hundert Punkte!

»Wisst ihr was, meine Freunde? Jetzt haben wir ausführlich unser Hirn bewegt, jetzt sind mal wieder unsere Füße dran. Jetzt wird gekickt, aber feste!«

Was denn, fußballern mit einem Prof? Da werden unsere Eltern aber staunen... toll!

Er spurtet auch schon los zu seiner Sporttasche, aber da ist kein Fußball drin. Der hockt nämlich in Celias Armen auf der Bank und wird gestreichelt. »Ball war allein und ich auch!«, teilt sie dem Prof mit, ziemlich vorwurfsvoll.

»Das wird sich aber ändern, kleiner Merkur!«, grinst der Prof. »Los, schmeiß rüber, der Ball muss ins Tor!« Aber natürlich schmeißt Celia den Ball nicht rüber, sie trägt ihn liebevoll an sich gedrückt hin zum Tor.

»Windelzwerg, gib her!«, schreit Lisa, aber sie lacht dabei, das ist neu. »Im Universum kicken jetzt die Planeten und du bist auch dabei, versprochen!«

Celia strahlt und kullert brav sofort den Fußball zu ihrer Schwester. Er landet aber bei Venus-Lukas, der kickt ihn rüber zu Mars und ruft ganz ohne Zischelei: »Jupiter, los, ab ins Tor, jetzt mach schon!«

Jupiter macht, ziemlich schnell sogar, und besetzt mit seinem Rucksack das Tor.

»Anstoß!«, schreit Mars und kickt den Ball zum Prof.

»Ich bin Pluto, ich darf jetzt wieder mitspielen!«, ruft der begeistert und mit Schwung zielt er aufs Tor. Der Ball prallt leider ab am Rucksack…

»Mist!«, ruft Pluto und jetzt geht's aber richtig los!

»Gib rüber, Saturn!«

»Mensch, Venus, das war aber ein Eckball!«

»Pluto, gib mir 'ne Vorlage, pennst du oder was?«

»Flanke, Venus, Flanke!«

»Freistoß für Saturn, jetzt schieß doch endlich, schieß!« Und es ist ein Gerenne und ein Gekicke und ein Geschrei. Mal landet der Ball auf Jupiters Bauch, mal absolut daneben, und dazwischen wuselt Merkur und sammelt den Ball auf und will ihn nicht mehr hergeben… es ist ein Riesenspaß. Wir lachen und rennen und schwitzen wie blöd, und mitten im Gelache und Gekicke und Geschwitze keucht der Prof: »Morgen treffen wir uns mal im Hörsaal der Universität. Damit ihr mal seht, wo ich arbeite. Da erzähle ich euch was von den Sternen!«

Und zack, sein Ball landet im Tor! Über der Kappe von Jupiter. Pluto, der ja im Universum kein Planet mehr sein darf, hat gewonnen. Das finde ich schön!

Heute kriegen unsere Eltern aber ziemlich verschwitzte Kinder zurück, das Fußballspiel war lang. Und die Studenten in der Universität kriegen einen verschwitzten Prof, den wir jetzt duzen dürfen, das dürfen die sicher nicht.

Und wir dürfen morgen zum ersten Mal in die Uni, das ist toll!

Heute Abend würde ich gerne ganz lange wach bleiben, damit ich mich sehen kann am Nachthimmel, aber wahrscheinlich schaff ich das nicht. Zu viel im Kopf und zu müde Füße... aber mein Kopf freut sich und meine Füße auch, und ich glaub, den anderen Planeten geht's genauso.

Wir haben so viel Glück mit unserem Prof... Vielleicht traue ich mich ja mal und sage es ihm, ich glaub aber eher nicht. Jetzt freu ich mich einfach auf morgen, und hoffentlich sind meine besten Jeans nicht in der Wäsche...

5. Der fünfte Treff

Wir besuchen heute unseren Prof im Hörsaal der Universität.
Da erzählt er uns was von den Sternen.

Ich glaub, wir sind heute alle ein bisschen aufgeregt, sogar Lisa. Sie hat Celia ein Kleidchen angezogen und hält sie fest an der Hand. In einer Uni wird nämlich nicht rumgerannt, eine Uni ist kein Fußballplatz, das hat mir meine Mama beim Bügeln meiner schönsten Jeans erklärt. Da wird nämlich streng und viel gelernt. Auf dem Fußballplatz gestern haben wir aber beim Rumrennen auch sehr viel gelernt, habe ich gedacht, aber gesagt hab ich's nicht. Ich wollte sie nicht beim Bügeln stören...

Die Uni ist auch wirklich ziemlich feierlich, so riesig und dunkel. Celia mit ihrem Teddy drückt sich eng an ihre Schwester, Daumen im Mund. Unseren Hörsaal haben wir aber gleich gefunden. Weil, da hängt an einer großen Tür ein Schild:

Heute Privatvorlesung für Ida, Lisa, Celia, Lucas und Tim!

Da haben wir aber gestaunt! Mensch, das sind ja wir! Und
jetzt darf keiner da rein, bloß wir und unser Prof. Ist das nicht
toll? Im Hörsaal sieht's ein bisschen aus wie im Kino, bloß
viel hässlicher. Vorne ist eine Bühne mit einem langweiligen
grauen Tisch, dahinter eine Riesentafel wie in der Schule. Im
Zuschauerraum, ich glaub, der heißt hier Zuhörerraum, stehen hundert Stühle mit kleinen Tischen drangewachsen, die

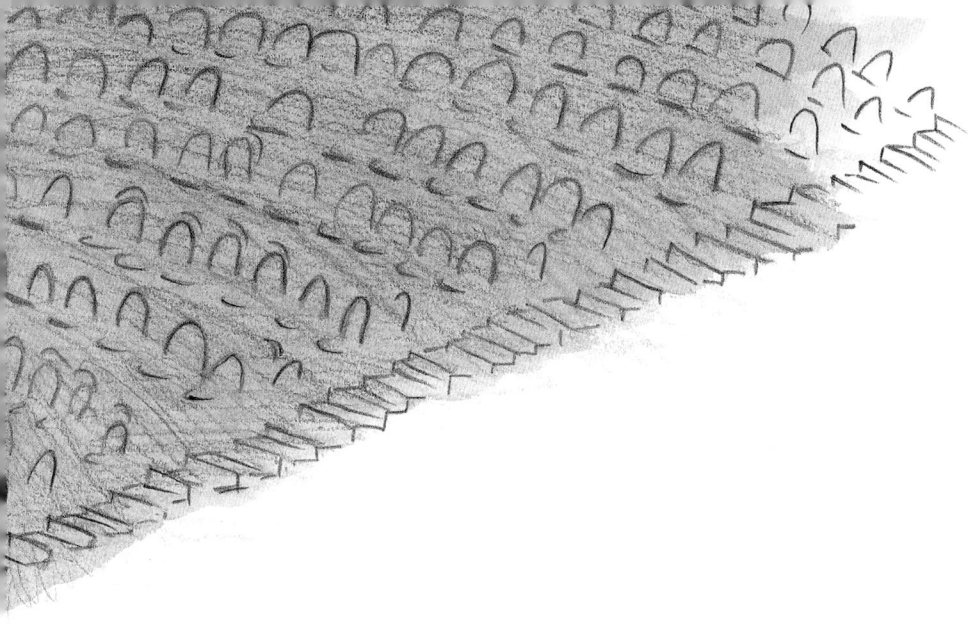

kann man hochklappen und wieder runter. Das ist lustig... und wie im Kino sind die Stühle festgeschraubt auf langen, breiten Treppenstufen. Das ist praktisch. Wer ganz hinten sitzen muss, kann trotzdem den Prof noch sehen, hören ja sowieso.

Wir setzen uns alle natürlich ganz nach vorne, so nahe es geht zu unserem Prof. Wir haben ja immer ganz nah bei ihm sitzen dürfen... Wir sitzen ganz brav. Nur Celia hat natürlich gleich das Klapp-Auf und Klapp-Zu an ihrem Tischchen entdeckt und spielt begeistert Klipp-Klapp. Täten wir vielleicht

auch gerne ... aber die Atmosphäre erlaubt's nicht, zu feierlich! Tim hat sogar die Hände gefaltet. Hat ihm sein Papa das
befohlen? Seine ewige Kappe jedenfalls hat er noch auf, also,
der Tim, nicht sein Papa.

Da kommt endlich unser Prof hereingestürmt, ganz unfeier-
lich. Wieder Jeans, T-Shirt, Turnschuhe, kein kluges Buch
dabei, nix. Wir atmen auf, das merke ich sofort. Unser Prof,
so wie wir ihn kennen, da ist er ja. Und springt er jetzt auf
die Bühne und verbeugt sich? Neee, er springt zu uns und
lacht ein »Schön, dass ihr da seid, Freunde, ich habe mich auf
euch gefreut!«. Und Celia, natürlich Celia, wuschelt er kurz
durchs Haar. Klein sein und Celia heißen, das ist wirklich ein
Vorteil ... Dann aber ist er doch mit zwei Sätzen auf der Bühne,
da, wo er als Prof leider auch hingehört, hockt sich auf den
Tisch und ... baumelt mit den Beinen.

»Unser Thema heute, meine kleinen Studentinnen und
Studenten, sind die Sterne, ihr erinnert euch?«

Na klar erinnern wir uns, und Lisa, natürlich Lisa, meldet
sich sofort, Hand hoch wie in der Schule: »Ich möchte bitte
gerne wissen, wie viele Sterne es überhaupt im Universum
gibt!«

Der Prof auf dem Tisch schmeißt die Arme hoch und seufzt:
»Das geht ja schon gut los! Lisa, ich weiß es nicht und, so viel
weiß ich doch, das weiß überhaupt kein Astronom auf dieser

Erde. Wir wissen nur, dass es unendlich viele sein müssen, und wenn ich unendlich sage, dann meine ich auch unendlich! Zufrieden, Lisa?«

»Nicht ganz«, murmelt Lisa und schreibt mit gerunzelter Stirn in ihr Heft, ich seh's genau: *Er weiß es nicht!* Das ist aber nicht nett, finde ich. Die anderen Astronomen wissen's doch auch nicht...

Jetzt melde ich mich aber, weil, mein Prof sieht so ernst aus. Zum Glück ist mir eine Frage eingefallen, die kann er bestimmt beantworten, hoffentlich... dann ist er wieder froh!

»Warum können wir eigentlich die Sterne überhaupt sehen? Die sind doch so furchtbar weit weg von uns, glaube ich.«

Sofort lächelt der Prof mir zu.

»Meine gute Ida, da liegst du genau richtig. Die Sterne sind wirklich sehr weit weg und wir sehen sie trotzdem. Das bedeutet ja, dass zwischen deinen Sternenguckeraugen und den Sternen da draußen nichts ist, was das Sternenlicht hätte verschlucken können, gar nichts! Das heißt, Ida, da draußen im Universum kann gar nicht viel Material sein, das die Sicht auf die Sterne verstellen könnte.«

»Mauern zum Beispiel, Felsbrockenmauern!«, ruft Lucas fast ganz ohne Nuschelei. »Können wir vergessen, oder?«

»Könnt ihr!«, grinst der Prof. »Nix davon im Universum, es ist leer! Gas allerdings könnte es da draußen noch geben, aber das ist ja so dünn, dass Sternenlicht ohne Weiteres da durchgeht.«

»Da kann aber was nicht ganz stimmen!«, ruft Lisa, wedelt mit dem Bleistift und zeigt auf Tim. »Der Vielfraß da, der Jupiter, der hat doch alles Gas aufgesammelt, und Ida Saturn...«, jetzt zeigt ihr Bleistift streng auf mich, »hat da auch mitgeschmatzt!«

Tim grinst und zwinkert mir zu, ich zwinkere zurück, Gasriesen müssen zusammenhalten...

»Mensch, Lisa, du Besserwisserin!« Lucas springt auf und stößt prompt gegen sein Tischlein. »Die Gasriesen sind doch kein Staubsauger, wetzen durchs Weltall und schlapp, schlapp ist alles Gas weg. Die haben bestimmt was übersehen.«

Tim grinst und nickt seinem Freund zu. »Wenn meine Mama staubsaugt, dann sind immer noch so Fusselchen auf'm Boden. Dann ärgert sich mein Papa. Ich nicht. Könnte man doch sagen, Ida und ich haben staubgesaugt im Weltall, aber mehr so wie meine Mama.«

»Und die Fusselchen im Weltall heißen Gas!«, rufe ich schnell und freue mich. Weil ich vom Prof ein »Daumen hoch« kriege, Tim und Lucas aber auch, nur Lisa nicht. Ein bisschen, ein ganz kleines bisschen freut mich das...

Aber das kleine bisschen ist doch irgendwie gemein, und darum flüstere ich Lisa zu: »Schreib's doch einfach auf, Lisa.

Das Gas, was da noch rumschwirrt, ist durchsichtig, und darum können wir das Sternengefunkel sehen. Soll ich dir Celia abnehmen?«

Die ist nämlich auf den Schoß ihrer Schwester gekrabbelt und drückt ihr den Teddy ins Gesicht. Celia ist schlau, sie hat genau gemerkt, dass ihre Schwester schlechte Laune kriegt.

»Windelzwerg, hör auf!«, schreit Lisa dumpf hinterm Teddybauch, aber ehe ich nach Celia greifen kann, ist die schon von Lisas Schoß gerutscht, marschiert nach vorne zum Prof, krabbelt auf die Bühne und hält ihm den Teddy entgegen.

»Teddy will Märchen hören und ich auch!«

Und was macht unser Prof? Er lacht und setzt Celia mit Teddy neben sich auf den Tisch. Jetzt hocken da zwei und baumeln mit den Beinen ...

»Nun, dann mal los!«, lacht er und zwickt dem Teddy ins Ohr. »Aber ich sag's dir gleich, Astronomen-Märchen sind alle wahr, und Hexen kommen da nicht vor, man muss sich also nicht fürchten. Ich erzähl dir jetzt mal was von den Sternen, die haben wir alle gern, die tun uns nix. Nun also, Teddy, wie heißt wohl der wichtigste Stern für uns? Ich gebe dir noch einen Tipp. Hängt am Himmel, am Tag können wir ihn sehen, aber nicht immer. Ist fürchterlich heiß und wenn du zu lange am Strand rumliegst, dann kriegst du Sonnenbrand. Na?«

Celia überlegt angestrengt, Daumen im Mund. Und jetzt

macht Lisa was Nettes, aber wirklich Nettes. Sie springt nämlich zu Celia und flüstert ihr was ins Ohr.

Celia strahlt und kreischt: »Sonne!!! Hat der Teddy gesagt!«

Und wir brüllen alle: »Der Kandidat hat hundert Punkte!« Und klatschen Applaus, der Prof klatscht mit.

Aber wundern muss ich mich doch. Was denn, die Sonne ist ein Stern?

»Und was für einer!«, ruft der Prof begeistert. »Unsere Sonne, der Feuerball, strahlt Unmengen von Energie ab. Meine lieben Planeten, ihr erinnert euch an euch? Ihr strahlt zwar auch, aber nicht von selber. Ihr könnt nur sichtbar für uns Erdenmenschlein strahlen, weil ihr das Licht von der Sonne bekommt. Weil ihr zum Glück nicht so weit von ihr entfernt seid. Ihr erinnert euch?«

Na klar tun wir das, was denkt er denn! Das war doch erst gestern auf'm Fußballplatz.

»Prima!«, sagt der Prof zufrieden und kriegt von Celia den Teddy auf den Schoß geplatscht, ziemlich feste.

»Teddy will Märchen hören«, verlangt sie. »Geht sonst schlafen, und ich auch!«

»Gott behüte«, grinst der Prof und krault dem Teddy den Bauch. »Dann spitz mal gut deine Ohren, Teddy. Die Sonne ist nämlich bei Weitem das größte Objekt im Sonnensystem. Kann man sich ja denken, wenn man den riesigen Strahleball da oben am Himmel sieht, nicht wahr? Übrigens hatte die Sonne früher, viel, viel früher, andere Namen. Die alten Griechen nannten sie Helios, die Römer Sol, so wie die Spanier übrigens heute auch noch. Was meinst du, Teddy, wenn es dich damals schon gegeben hätte, wie hätte man dich da wohl genannt?«

»Celia!«, quietscht Celia selig und kuschelt sich eng an den Prof. Der lächelt und ich glaub, er ist froh wie wir, dass Celia nicht durch den Hörsaal wetzt, Klipp-Klapp mit den Tischchen spielt und stört. Und er sein »Teddy-Märchen« weitererzählen kann. Für uns natürlich...

»Unsere Sonne ist unglaublich heiß! Lisa, wenn du mitschreiben willst, sie hat eine Oberflächentemperatur von 6000 Grad, in ihrem Inneren ist sie noch viel heißer! Und was das bedeutet, das wisst ihr schon, oder?«

Also wirklich, Prof, das ist jetzt aber eine blöde Frage, sind wir Teddy oder was? Ist doch logisch, die Sonne kann keine feste Oberfläche haben wie die Erde, bei der Sonne brennt ja alles, darum kann sie ja auch kein Planet sein, da ist sie so mehr ein Gasriese wie Tim und ich... Das rufen wir alle durcheinander und der Prof wirft die Arme hoch: »Gut, gut, gut, Freunde! Entschuldigung! Ich habe euch unterschätzt! Aber dass die Sonne 25 Tage braucht, um sich um ihre Achse zu drehen, das habt ihr hoffentlich noch nicht gewusst.«

Neee, haben wir nicht, woher denn auch?

»Und dass die Sonne, unser Feuerball, zum größten Teil aus Wasserstoff und zu einem kleinen Teil aus Helium besteht, schon mal was davon gehört, ihr Schlaumeier?«

Ha! Jetzt ist er aber reingefallen, da nickt eine, und wer das ist, das ist ja klar...

»Muss so sein!«, ruft Lisa aufgeregt. »Wenn die Sonne dauernd so brennt, dann kann sie bloß aus was bestehen, was dauernd so brennt, ist doch logisch. Weil, Wasserstoff und Helium sind...«

»Gas!«, zischelt Lucas begeistert. »Wie beim Gasherd meiner Oma!«

Und beide kriegen vom Prof ein »Daumen hoch«.

»Ja, so könnte man das durchaus sagen, ich nehme den Schlaumeier zurück.« Er lächelt und knufft den Teddy auf seinem Schoß in den Bauch. »Na, Teddy, was meinst du, ob diese klugen Köpfe da unten auch wissen, wie weit die Sonne von unserer Erde entfernt ist? Ich glaub's ja nicht.«

Ha, Prof! Schon wieder reingefallen! Tim zieht aus seinem Rucksack einen Zettel und liest vor, sogar richtig laut:

»Lieber Tim, die Entfernung der Sonne zur Erde beträgt 150 000 Kilometer, und wenn du noch mal heimlich an meinen Computer gehst, dann kriegen wir Ärger miteinander. Schlaf gut. Dein Papa!«

Und da geht ein Gekicher los. Aber wir sind das nicht, das kommt ja von hinten! Wir drehen uns alle um … da hocken ja plötzlich fremde junge Leute, das haben wir gar nicht gemerkt! Und da geht schon wieder die Tür auf und noch mehr schlüpfen rein … Dürfen die das? Ich schau zum Prof. Der winkt ihnen doch tatsächlich mit dem Teddy zu und ruft fröhlich: »Reinspaziert und Mund gehalten, Studenten. Das hier ist meine ganz spezielle Lieblingsvorlesung für meine ganz speziellen Lieblingsstudenten.«

Na, wenn das so ist, dann dürfen die bleiben …

»Aber wenn ihr schon mal hier seid!«, ruft der Prof. »Hat Tim recht, wenn er sagt, die Sonne sei 150 000 Kilometer von der Erde entfernt?«

»Jaaaa!«, rufen die Studenten und trommeln auf die Tische. Was für ein Lärm!

Tim wird knallrot und brummelt leise: »Es war mein Papa!«

»Und der kriegt hundert Punkte«, zischelt Lucas seinem Freund zu.

»Danke, Leute!« Der Prof winkt ab mit dem Teddy. »Weiter im Text, sonst schläft mir meine Celia ein. Wo ist sie denn überhaupt?« Er schaut mit gerecktem Hals im Hörsaal herum, da wird schon wieder gekichert, diesmal kichern wir mit, nur Lisa nicht. »Windelzwerg, hör auf!«

Der Windelzwerg hört aber nicht auf! Celia steht an der Tafel und malt mit gelber Kreide große gelbe Sonnen, kleine gelbe Sonnen, runder Bauch, Strahlen dran, Bilderbuchsonnen...

Dass sie in Wirklichkeit ganz anders aussieht, die Sonne, das weiß ich jetzt und alle hier im Hörsaal auch, die Kicherstudenten sowieso. Nur Celia nicht...

Der Prof springt vom Tisch, ohne Teddy, und malt mit blauer Kreide in Celias Sonnenbäuche dunkle Flecken.

»Geh weg, ist nicht schön!«, kreischt Celia und zerrt an seinem Hosenbein.

»Tut mir leid, Kleine, aber die Sonne hat nun mal Flecken, da kannste nix machen, so ist das Leben«, sagt er und streicht ihr übers Haar. »Das sind die Sonnenflecken, die sind kälter als ihre Umgebung und darum sehen sie auf der Sonne dunkler aus. Na los, Celia, spring zu deinem Teddy und erzähl ihm das, der will doch das wahre Märchen hören!«

Sofort rennt Celia los zum verlassenen Teddy auf dem Tisch, und was sie dem jetzt ins Ohr wispert, na, das will ich lieber nicht wissen...

»Du kannst ihm auch erzählen, dass wir nicht wissen, wie diese Flecken entstanden sind!«, ruft der Prof ihr nach und wischt die Tafel sauber.

»Schon wieder weiß er was nicht«, murrt Lisa leise, zum Glück hat's der Prof nicht gehört, aber die Studenten hinten. Die grinsen alle, aber wirklich alle... Das mag ich nicht!

Ich muss ihn schnell was fragen, was er ganz bestimmt weiß, er weiß doch wirklich so viel, viel mehr als wir und die dahinten alle zusammen auch!

»Bleibt die Sonne immer die Sonne oder geht sie auch mal kaputt wie unsere Erde?«, frage ich laut. Das ist eine wichtige Frage, finde ich, und wirklich, das Studentengrinsen ist verschwunden.

Sie tuscheln miteinander und ich bin sicher, sie kennen die Antwort genau, aber irgendwie merke ich auch, sie wollen nicht, dass uns der Prof das jetzt erzählt... oder?

»Ruhe dahinten!«, ruft der Prof und breitet die Arme weit aus. »Meine fünf Freunde hier vertragen die Wahrheit, das können Sie mir glauben, Kinder belügt man nicht!« Und damit springt er von der Bühne und zu mir in den Hörsaal.

»Meine gute Ida, nein, unsere Sonne wird ebenso wenig für immer im Weltall sein wie unsere Erde, davon wisst ihr ja schon, nicht wahr? In unendlich vielen Jahren wird sie sich selber verbrennen, bricht zusammen und wird explodieren, und was das bedeutet...«

»Ein riesiges Superfeuerwerk!«, brummelt Tim, richtig mit Glitzeraugen. Ja, ist er denn nur blöd oder was? Das bedeutet doch auch auf jeden Fall...

»Aus die Maus!«, nuschelt Lucas und zieht seinem Freund die Kappe über die Ohren. »Auch für deinen Papa und sowieso für alles. Aber der Prof hat doch grad gesagt, das passiert erst in irgendwelchen Millionen Jahren wahrscheinlich. Da haste dich zu früh gefreut, Dicker!«

Die Studenten hinten klopfen begeistert auf ihre Tische. Das klingt gut, das machen wir jetzt auch. Tim aber nicht. Er quetscht sich hoch und brummelt beleidigt: »Und was ist mit den anderen Sternen? Platzen die etwa auch?«

»Tun sie, Tim, tun sie!«, nickt der Prof. »Und zwar auch hier und jetzt, aber keine Sorge, das betrifft nicht die Erde, nicht die Sonne, nicht die Planeten.«

»Da wird mein Papa aber froh sein«, schnauft Tim und quetscht sich wieder zurück in den engen Stuhl.

Unser Prof läuft zurück zur Bühne, hockt sich wieder auf seinen Tisch und beinahe hätte er den Teddy platt gehockt, der liegt verlassen da, weil, Celia steht ja schon wieder an der frisch geputzten Tafel. Was kritzelt sie denn jetzt? Lauter gelbe Pünktchen, ganz eng nebeneinander, übereinander, untereinander.

Lisa runzelt die Stirn, aber ehe sie wieder ihr »Windelzwerg, hör auf!« schreien kann, ruft der Prof begeistert: »Jetzt schaut euch das mal an! Meine kleine Freundin hat tatsächlich die Milchstraße gemalt! Haufen von Sternen, die die Milchstraße bilden! Genial, dieses Kind!«

Sofort kommt Geklopfe von hinten, aber Celia schüttelt den Kopf. »Neee, sind keine Sterne, sind Pünktchen!«

»Aber genau so siehst du doch die Sterne am Nachthimmel, Celia!«, ruft der Prof. »Nicht als das niedliche Gezackel wie im Bilderbuch, sondern als funkelnde Pünktchen, stimmt's?«

»Neee!«, brummelt Celia und tüpfelt weiter. »Ich und Teddy schlafen ein und Lisa liest Märchen vor.«

Schon wieder begeistertes Geklopfe von hinten, aber diesmal klopfen wir alle mit, auch der Prof. Nur Lisa nicht, sie versteckt ihre knallroten Backen im Heft... Warum ist es ihr denn peinlich, dass sie so eine prima Schwester ist?

»Lisa, steht da zufällig in deinem klugen Heft was über die Milchstraße?« Der Prof zwinkert ihr zu. Das hat er jetzt aber

gut gemacht, unser Prof! Weil Lisa wahrscheinlich lieber die Besserwisserin ist als die prima Schwester für den Windelzwerg, denke ich...

Lisa blättert auch sofort eifrig und richtig erleichtert und liest vor: »Unser Sonnensystem sitzt in der Milchstraße. Man kann auch Galaxis sagen. Die Milchstraße ist ein Sternensystem, sie sieht aus wie ein milchiger Pinselstrich am Abendhimmel. Da wohnen viele Milliarden von Sternen. Mehr steht nicht in meinem Heft.«

»Danke, Frau Kollegin!«, lächelt der Prof. »Mehr müsst ihr auch nicht wissen. Ich würde nur gerne wissen, wann bist du heute früh denn aufgestanden, um nachzuschauen im Lexikon?«

»Um sieben Uhr«, flüstert Lisa und versteckt ihr Gesicht schon wieder im Heft. »Celia hat die ganze Nacht so Bauchweh gehabt. Sonst wär ich früher aufgestanden und hätte mehr ins Heft geschrieben.«

Keiner sagt was. Der Prof putzt seine Brille, Celia an der Tafel malt weiter ihre Pünktchen, jetzt in Grün, die Studenten hinten räuspern sich leise, als hätten sie was in der Kehle, und auch ich muss schlucken, und das Schlucken heißt... Mensch, Lisa...

Da springt Lucas auf, schmeißt die Arme hoch und zischelt laut: »Der Kandidat kriegt zweihundert Punkte!«

Und jetzt können wir alle lachen und der Prof kann weitererzählen. »Danke, Lisa, gutes Kind!«, sagt er und winkt ihr zu. »Wahrscheinlich gibt es im Weltall noch viel mehr Sonnensysteme, wir kennen nur das Unsere. Und das ist angesiedelt in der Milchstraße, wie du erzählt hast. Nur so nebenbei, der italienische Astronom Galileo Galilei hat zum ersten Mal, und zwar 1609 war das, durchs erste Fernrohr geschaut und entdeckt, dass sich dieses weißliche Band da am Himmel, was wir heute Milchstraße nennen, aus vielen 100 Milliarden Sternen zusammensetzt. Na, Freunde, da könnt ihr euch ja vorstellen, was da los war! Bis dahin hatte man nämlich geglaubt, dass unsere Erde der Mittelpunkt im Weltall sei und alles drehe sich um sie. Jetzt aber hat der Galileo bewiesen, nix da, die Erde sitzt da mitten drin im weißlichen Band, in der Milchstraße, und dreht sich brav um die Sonne wie alle Planeten. Man war entsetzt, das kann ich euch sagen, den armen Galileo mit seiner wichtigen Entdeckung hat man bös beschimpft. Heute bekäme er dafür Preise noch und noch!«

Heute würde er also gelobt und jetzt hat er nichts mehr davon, das finde ich traurig … Aber immerhin, die Astronomen erinnern sich ja an ihn und wir hier jetzt auch, ich nehme es mir jedenfalls fest vor und Lisa sowieso, sie hat's sofort ins Heft geschrieben. Der Hörsaal mit seinen Tischchen ist wirklich praktisch für sie … Aber was ist denn jetzt eigentlich ein Stern, der nicht so aussieht wie im Bilderbuch?

»Ein Stern ist eine dichte, selbst leuchtende Gaskugel«, erzählt der Prof und winkt uns zu. »Planeten, ihr erinnert euch? Dass ihr nur leuchtet, weil die Sonne euch bestrahlt? Das haben die Sterne nicht nötig, die leuchten selber. Müssen sie auch, wenn sie leuchten wollen, denn sie sind viel zu weit von der Sonne entfernt, von der kriegen die nix ab! Sterne sind sehr aktive Gasriesen und der Geburtsort eines Sterns ist immer eine Gaswolke. Was aktiv heißt, wisst ihr? Ich frag ja nur.«

Klar wissen wir das, der Zappel-Lucas ist es, der Tim, der lieber sitzt, ist es überhaupt nicht.

»Geklärt«, sagt der Prof zufrieden und erzählt weiter. »Wie gesagt, Sterne sind in einer Gaswolke entstanden, Gaswolken kennt ihr ja inzwischen. Nun ist es so, dass die Gaswolke, die irgendwann unter ihrem eigenen Gewicht zusammenbricht – und jetzt, Freunde, bitte nicht schon wieder Gekicher rüber zu meinem Tim, das hatten wir doch schon –, also, Gaswolken sind meistens viel größer als der Stern, der nachher entsteht. Nur zur Erinnerung, Lisa, schreib mit, meine Gute, Gaswolken können nur zusammenbrechen, wenn sie kalt genug sind. Ansonsten, wenn das Gas noch zu heiß wäre, wäre der Gasdruck zu hoch und die Gravitation der Wolke hätte keine Chance, die Wolke, also sich selbst, zusammenstürzen zu lassen.«

Wir nicken alle, klar, ist doch logisch.

Der Prof winkt rüber zu den Studenten und strahlt: »Da staunen Sie jetzt hoffentlich, was meine kleinen Lieblingsstudenten alle schon wissen und, mehr noch, kapieren! Hab ich hier nicht wunderbare Kinder? Nehmen Sie sich ein Beispiel!«

Wir stupsen uns an, sogar Tim stupst. Der Prof ist stolz auf uns! Ist das nicht toll? Das finden die Studenten auch, sie klopfen, na also! Aber wissen sie auch, was wir für einen tollen Prof haben, der alles so prima erklären kann?

Man muss es ihnen sagen … Lisa, machst du das? Neee, die kritzelt in ihr Heft. Da hilft ja nix, also ich! Ich stehe auf und muss schnaufen … dann drehe ich mich um und sage laut und meine Stimme wackelt dabei nur ein bisschen: »Unser Prof ist der beste Prof von der Welt und ich hab ihn mir zum Geburtstag gewünscht!«

Die Studenten, junge Frauen sind auch dabei, ja, was machen die denn da? Die stehen ja auf, alle! Und sie klatschen, und wie sie klatschen, und sie brüllen im Chor: »Herzlichen Glückwunsch!«

Na, wer jetzt knallrot wird, das ist leider klar … wo ich doch auch erst morgen Geburtstag hab. Und wer jetzt ungeduldig mit dem Bleistift fuchtelt, das ist auch klar.

»Jetzt möchte ich bitte noch mehr von den Sternen wissen!«, ruft Lisa. »Wir wissen doch noch nicht, warum die funkeln! Und wie weit weg die sind von uns, und was ein Komet ist weiß ich auch noch nicht und...« Jetzt flüstert sie: »Der Windelzwerg muss bald sein Abendessen kriegen, sonst kreischt er.«

Sofort wühlt Tim in seinem Rucksack rum, stemmt sich hoch auf die Bühne und drückt der Celia an der Tafel ein angebissenes Marmeladenbrötchen in ihre kreideverschmierten Händchen. Mensch, Tim...

»Danke, Tim, wie schön, dass du noch da bist«, lächelt der Prof und Celia schmatzt selig.

»Zurück zu Lisas Fragen. Und zu Ida, weil sie es auch schon gefragt hat: Warum können wir die Sterne überhaupt sehen? Sie sind ja unendlich weit weg von uns. Nur als Beispiel, nähmen wir heute eine Rakete und flögen zum nächsten Stern, dann würde der Flug 75 000 Jahre dauern. Stellt euch das doch mal vor! Kann man nicht, geht also auch nicht. Sehen können wir die Sterne in unserer Galaxis nur, weil das Weltall so ungeheuer leer ist. Nun, das wisst ihr ja schon. Und dass wir die Sterne funkeln sehen, ihr erinnert euch, es sind leuchtende Gasriesen, das hängt mit der Luftunruhe zusammen. Lucas, nicht unruhig werden, ich erklär's ja gleich.«

»Ich bin nicht unruhig, ich bin aktiv!«, zischelt Lucas vorwurfsvoll und boxt in die Luft.

Der Prof grinst, erzählt aber zum Glück weiter.

»Wenn das Sternenlicht also unsere Atmosphäre trifft, die ja um unsere Erde ist, dann wird es sozusagen gestört. Wird nicht grad hin und her geschüttelt, aber es ist ein bisschen so, wie wenn man das linke und das rechte Auge auf- und zumacht, abwechselnd. Dann sieht man ja zum Beispiel, dass ein Daumen vorm Gesicht hin- und herspringt. Na los, macht mal! Arm vorgestreckt, Daumen hoch, dann angucken mit dem linken Auge, dann mit dem rechten Auge. Lucas, jetzt kannst du zappeln, aber mit den Augen!«

Der Prof steht da, Arm weit ausgestreckt, Daumen vorm Gesicht... Sofort machen wir es ihm nach und mit uns tatsächlich alle Studenten. Auge zu, das andere auf, das wieder zu, das andere auf. So viele Augen, die da im Hörsaal auf- und zuklappen! Und tatsächlich, unser Daumen hüpft hin und her. So viele Daumen, die da jetzt hin- und herhüpfen! Lustig...

»Das muss mein Papa heute Abend auch machen!«, brummelt Tim, richtig glücklich. »Dann sag ich ihm: ›Papa, genau so ist es mit dem Sternenlicht, das hopst auch so ein bisschen, und darum sehen wir die Sterne funkeln.‹ Da wird er aber staunen und dann krieg ich vielleicht Schokolade und nicht bloß so 'nen Apfel.«

Hinten wird gekichert, aber der Prof winkt Tim zu und grinst: »Da drück ich dir mal die Daumen. Im Vertrauen gesagt,

Tim, mir ist Schokolade auch lieber als so'n Apfel. Aber jetzt zurück zu unseren wunderschönen Funkelsternen...«

Ja, aber warum funkeln wir Planeten eigentlich nicht? Wir strahlen doch auch, wär doch eigentlich viel schöner, wenn wir auch so funkeln könnten!

»Beste Ida, mein morgiges Geburtstagskind«, der Prof lächelt mich an, »euch Planeten sehen wir hier auf der Erde nur als Scheibchen und ihr wetzt ja auch ganz schön am Himmel entlang, also, wenn man viele Abende hinschaut, kann man ganz gut eure Planetenbewegungen sehen. Aber die Funkelsterne, die wetzen nicht, die sind praktisch fix. Und darum kann man euch gut unterscheiden von den Sternen, kapiert?«

Ich nicke, aber heißt das jetzt, die Sterne sind da oben festgeklebt? Das würde mich eigentlich wundern. Da oben bewegt sich doch alles, hat er doch gesagt...

»So ist das, Ida!«, ruft der Prof, springt von der Bühne und setzt sich neben mich, ganz nah. »Natürlich bewegen sich die Sterne auch, aber viel langsamer. Du weißt doch, Ida, unsere Erde dreht sich, und das sieht für uns so aus, als würde sich der ganze Himmel drehen, verstehst du? Und als ob die Sterne da oben festgemauert stünden. Neee, Ida, Sternbewegungen können wir leider als kleine Menschlein hier nicht sehen.«

Heißt das, die Sternbilder verrutschen dann auch? Das haben wir in der Schule gehabt. Die haben schöne Namen.

Der Kleine Wagen, der Schwan, das Füchschen, der Wasser-
mann, der... Die anderen habe ich vergessen.

»Die verrutschen alle«, sagt der Prof, »und vielleicht in
10 000 Jahren können wir die Sternbilder überhaupt nicht
mehr erkennen, denn, das sag ich dir jetzt, meine Gute«, er
legt den Arm um meine Schulter, »die können wir auch heute
schon vergessen! Stell dir vor, du staunst den Sternenhimmel
an und rufst: ›Uii, da ist ja der Kleine Wagen!‹ Ja, wenn du
mit einer Rakete hinfliegen könntest, was du nicht kannst und
auch keiner sonst, dann würdest du sehen, das stimmt ja gar
nicht! Der eine Stern vom Kleinen Wagen ist viel weiter vorne,
der andere viel zu weit hinten und platsch, verschwindet das
ganze Sternbild in seiner Form komplett. Und den anderen
Sternbildern geht's ganz genauso. Bist du jetzt enttäuscht?«

Neee, nicht so direkt... aber Lisa ist es.

»Warum erzählst du das jetzt alles nur der Ida?«, beschwert
sie sich und schnauft.

»Weil sie morgen Geburtstag hat!«, rufen die Studenten von
hinten und trommeln auf den Tisch.

»Ich gehöre aber auch zum Geburtstagsgeschenk!«, ruft
Lisa zurück und fuchtelt mit ihrem Heft. »Und ich möchte jetzt
wissen, warum die Sterne dann überhaupt Namen haben und
was ein Komet ist. Das hab ich schon mal gefragt. Ist jetzt bloß
Ida dran oder was?«

Mensch, Lisa, das find ich aber jetzt gemein! Ich hab mich doch gar nicht vorgedrängelt, mein Prof hat doch angefangen, oder? Jetzt bin ich aber mal gespannt, wie er reagiert… Kriegt sie jetzt eins auf die Mütze? Neee, kriegt sie natürlich nicht. Der Prof steigt einfach über mein Tischchen und setzt sich neben Lisa, auch ganz nah, und legt ihr auch noch die Hand auf die Schulter…

»Lisa, beste Celia-Schwester aller Zeiten, dein Wissensdurst in allen Ehren, aber höre ich da grad ein Eifersuchts-Teufelchen? Das schicken wir jetzt einfach weg und du erzählst mir, warum viele Sternformationen und auch einzelne Sterne Namen haben. Und dafür erzähle ich dir, was ein Komet ist, gut so?«

Lisa nickt und schluckt Wuttränen weg… sehr gut so!

»Also, das mit den Namen dürfte logisch sein«, schnauft sie mit verstopfter Nase. »Ihr Astronomen habt den Sternen Namen geschenkt, wahrscheinlich vor urlanger Zeit, damit ihr euch einfach besser über sie unterhalten könnt. Stimmt's?«

Aber ehe der Prof ihr ein »Daumen hoch« zeigen kann, mischt sich Tim ein.

»Da kann aber was nicht stimmen, weil, mein Papa hat gesagt, die Sternbilder da oben bestimmen unser Leben. Mein Papa ist nämlich Löwe!«, brummelt er stolz.

»Und dann bist du aber eine Maus, eine fette!«, zischt Lisa wütend zurück und wird sofort vom Prof gestoppt.

»Schönen Gruß an deinen Papa, Tim«, sagt er und hält Lisa fest. »Aber leider hat er unrecht, tut mir leid. Die Sterne können gar keinen Einfluss haben auf unser Leben, guter Tim, die sind viel zu weit weg, so unendlich weit! Wie soll ihnen denn das gelingen? Aber wenn dein Papa Löwe spielen will, dann lass ihn halt, du weißt es jetzt besser. Ist doch schön, mal mehr zu wissen als der Papa, nicht wahr? Aber es stimmt schon, Tim. Schon immer haben die Menschen in den Sternbildern was Besonderes sehen wollen. Das wunderschöne Gefunkel da oben ist ja auch wirklich geheimnisvoll, oder?«

Tim grunzt, überzeugt ist er nicht, das merke ich gleich. Der Prof aber auch.

»Aber trösten kannst du deinen Papa, Tim, denn es gibt tat-sächlich einen Stern, der unendlich viel Einfluss auf uns alle hat und unser Leben bestimmt, egal, wann und wo und wie wir geboren wurden, nämlich...«

»Die Sonne«, brummelt Tim. »Aber das sag ich ihm lieber erst morgen.«

»Die Sonne, dieser unglaubliche Feuerball!«, strahlt der Prof und wirft die Arme hoch. »Haben wir nicht ein Riesen-glück, dass unsere Erde sich genau in der Entfernung um sie drehen darf, die uns guttut? Nicht zu heiß, nicht zu kalt, ein staunenswertes Wunder.«

Er springt auf, das Tischchen scheppert gegen seine Knie, er merkt es nicht, begeistert rennt er vor uns auf und ab.

»Freunde, wir leben hier alle auf einem ganz besonderen Platz, das dürfen wir nie vergessen! Wir leben auf einem Pla-neten, wo was lebt! Das hätte in der Erdgeschichte ja so was von schiefgehen können, das wisst ihr ja jetzt. Und dass es eben nicht schiefgegangen ist und sich das Universum eine unglaubliche Arbeit gemacht hat, wenigstens ein Sonnen-system zu schaffen, in dem die Planeten ihre Bahnen um die für uns lebenswichtige Sonne ziehen können... und dass darum auf unserem Planeten Leben hat entstehen können. Das Glück hatten, wie ihr wisst, die anderen Planeten ja nicht, Freunde, das ist eine Wahnsinnsgeschichte! Unser Planet ist etwas ganz Besonderes, und damit seid ihr alle auch was ganz Besonderes und wir müssen alle unheimlich vorsichtig sein, dass wir auf unserer Erde nix kaputt machen.«

Er schweigt und putzt seine Brille, wir schweigen auch, alle. Ich hab richtig einen Kloß im Hals, die anderen, glaub ich, auch... Dass wir alle etwas Besonderes sind, weil wir hier leben dürfen, wer denkt denn so was jeden Tag? Ich nicht, aber ich will's jetzt denken, besonders, wenn ich mich mal wieder über Lisa ärgern muss... Und ich will mehr mit meinen Eltern draußen sein, Sonne, Mond und Sterne sehen... Und ich will beim Zähneputzen nicht mehr dauernd den Wasserhahn laufen lassen... Hoffentlich vergesse ich's nicht.

»Und was ist ein Komet?«, meldet sich Lisa.

»Lisa lässt nicht locker!«, lacht der Prof und ist wieder unser lustiger Prof. »Ein Komet ist ein ziemlich dreckiger Schnee-ball. Er besteht aus Eis und Staub und innen hat er einen Eis-kern. Kommt er nun in die Nähe der Sonne, dann verdampft natürlich der Schnee und der Komet kriegt einen Schweif. Und der zeigt immer weg von der Sonne. Zufrieden, Lisa?«

Neee, ist sie natürlich nicht. Lisa bleibt eben Lisa.

»Und warum stand über dem Stall von Bethlehem, wo das Jesuskind geboren ist, ein Komet? Das ist auf allen Bildern so gemalt!«

»Gute Lisa, ich muss dich enttäuschen, da stand gar kei-

ner!«, sagt der Prof und schaut sich um. »Übrigens, Jesuskind... wo ist denn unser Herzenszwerg?«

»Kuckuck, da!!!«, kreischt Celia vergnügt. Unterm Tisch auf
der Bühne hockt sie, verschmiert mit Marmelade von oben bis
unten, der Teddy auch... Arme Lisa!

»Komm zu mir, jetzt gibt's noch ein Märchen zum Schluss«,
ruft der Prof, aber da ist sie schon auf seinen Schoß gekrabbelt und verschmiert sein T-Shirt. Hoffentlich hat er daheim
auch so eine Lisa...

»Hör zu und nimm bitte den Teddy aus meinem Gesicht«,
sagt der Prof. »Ich erzähle dir jetzt die Geschichte des Sterns
von Bethlehem, im Jahre 6 vor unserer Zeitrechnung war das.
Da kamen sich nämlich die beiden Planeten Jupiter und Saturn
so nahe, dass sie zusammen so hell wie ein Stern leuchteten.
Weil's aber zu dieser Zeit noch keine Fernrohre gab, dachten
die Astronomen in Babylon: Oh, da geht ein neuer Stern auf im
Westland. Ein neuer Stern, das heißt ein neuer König! Und weil
das in jenem Jahr drei Mal passiert ist, dass dieser vermeint-
lich neue Stern am Himmel erschienen ist, sind sie im Okto-
ber losgezogen auf ihren Kamelen und so Anfang Dezember in
Jerusalem angekommen und haben gesehen: Oh, dieser neue
Stern steht ja genau im Süden! Weiter ging's, die Kamele hatten bestimmt schon schlappe Hufe, und so sind sie glücklich
nach Bethlehem gekommen. Und genau da stand am Himmel

ganz deutlich dieser neue Stern, der ja gar keiner war, wie wir heute wissen. Sondern zwei Planeten, Jupiter und Saturn, die sich zufällig getroffen haben und den Weisen aus dem Morgenland, die wahrscheinlich neugierige Astronomen waren, den Weg zum Stall, zum Jesuskind, gezeigt haben. Dass sie sich unheimlich gefreut haben über das Kind und es reich beschenkten, den neuen König, den Retter der Welt, das wissen wir ja alle, nicht wahr? In der Geschichte war es also ein Stern, der ihnen und damit uns allen das Wunder von Bethlehem gezeigt hat. Und das finde ich schön!«

Ja, das finde ich auch... Also, wenn wir an Weihnachten in der Schule wieder das Krippenspiel spielen, dann will ich diesmal nicht der Josef sein, sondern ein Astronom mit einem Kamel!

»Aber Prof, warum wird dann immer ein Komet mit Schweif gemalt, wenn's doch gar keiner war?«, fragt Lisa, natürlich Lisa!

»Liebes Kind, ich weiß es nicht«, antwortet der Prof und putzt seine Brille, da klebt Marmelade. »Vielleicht, weil so ein Komet mit seinem langen Schweif schöner aussieht als so ein Pünktchen-Stern? Ich allerdings finde unsere unzähligen Sterne wunderbar, was gibt's denn Schöneres, als hochzugucken in den sternbestickten Nachthimmel und zu wissen, die alle da oben sind so weit weg, wie wir uns das gar nicht vorstellen können, und trotzdem funkeln sie uns zu! Kann mir jetzt mal jemand den Dreckspatz hier abnehmen? Jetzt geht's nämlich heim, meine Freunde, heute war unser letzter Treff.«

»Neee!«, kreischt Celia und klammert sich fest wie ein Äffchen an seinen Hals.

Unser letzter Treff mit dem Prof, tatsächlich, das haben wir ganz vergessen... Wir schauen uns an und ich glaub, jeder von uns wäre jetzt gerne Celia... Und auch die Brille vom Prof sieht ein bisschen feucht aus...

»Singen!«, kreischt Celia dem Prof ins Ohr, er lächelt, steht auf, wir alle auch, und was wir singen, das ist wohl klar.

»Weißt du, wie viel Sternlein stehen an dem blauen Himmelszelt? Weißt du, wie viel Wolken gehen weithin über alle Welt? Gott der Herr hat sie gezählet, dass ihm auch nicht eines fehlet an der ganzen großen Zahl...«

Singend marschieren wir aus dem Hörsaal der Uni, Celia auf den Schultern vom Prof. Bis wir draußen sind, haben wir alle Strophen durchgesungen und können uns gar nicht trennen. Dann aber doch, weil wir ja müssen. Da ist ein Gewinke hin und her, Lucas nimmt Celia huckepack, die Studenten summen immer noch, Lisa trägt Celias Teddy, und der Prof winkt uns immer noch zu und besonders mir.

»Kommt gut heim, meine Freunde, ich werde euch vermissen.«

Ich dich auch, will ich rufen, geht aber nicht. In meiner Kehle hocken Tränen... Mist!

Da grinst Tim mit seinem Rucksack auf dem Rücken den Prof an und brummelt: »Musst du nicht, uns vermissen, meine ich. Morgen um drei ist bei Ida Geburtstagsparty. Da gibt's leckere Sachen, und mein Papa kommt auch. Er ist eingeladen und du sowieso!«

Mensch, Tim, ich schlucke, was für eine tolle Idee und du bist der beste Tim, den ich kenne!

Weil, was macht mein Prof? Er reckt den Daumen hoch und lacht. Er kommt!!! Wenn jetzt Nacht wäre und Sterne würden funkeln, dann würde ich mir einen aussuchen und ihm einen Namen geben. Und der Name wäre Prof.

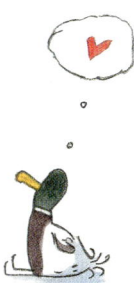